Arno Stern

Wie man Kinderbilder nicht betrachten soll

© 2012 Edel Verlagsgruppe GmbH
Kaiserstraße 14 b
D-80801 München

ISBN 978-3-89883-328-8

6. Auflage 2022

Einbandgestaltung: Karin Mayer, Kuniko Taguchi
Herstellung: Karin Mayer, Peter Karg-Cordes
Lithografie: Christine Rühmer
Druck und Bindung:
optimal media GmbH

ZS - ein Verlag der Edel Verlagsgruppe
www.zsverlag.de | www.facebook.com/zsverlag

Alle Rechte vorbehalten. All rights reserved. Das Werk darf – auch teilweise – nur mit Genehmigung des Verlags wiedergegeben werden.

Arno Stern

Wie man Kinderbilder nicht betrachten soll

Mit einem Geleitwort
von Prof. Dr. Gerald Hüther

Fotografie: Peter Lindbergh

INHALT

GELEITWORT
Seite 7

1
DAS SPIEL UND DIE SPUR
Seite 9

2
DIE FORMULATION
Seite 30

3
URSPRUNG UND ENTWICKLUNG DER FORMULATION
Seite 89

4
VERNUNFT UND SPONTANEITÄT
Seite 109

5
DIE FORMULATION, EIN UNIVERSALGEFÜGE
Seite 152

Der Autor
Seite 173

GELEITWORT

Wer den Autor dieses kleinen Buches jemals getroffen hat, der wird diese Begegnung so schnell nicht wieder vergessen. Arno Stern, dieser besondere Mann mit seiner unglaublichen Zugewandtheit und seinem enormen Einfühlungsvermögen hinterlässt eine Spur im Gedächtnis, die zwangsläufig immer dann aufscheint, wenn man später wieder einmal Gelegenheit bekommt, Zeichnungen, insbesondere Kinderzeichnungen, zu betrachten.

Man muss sich, wie Arno Stern das getan hat, nicht nur sehr lange, sondern vor allem sehr intensiv, vorurteilsfrei und ohne jede Bewertung mit der Art und Weise befasst haben, wie Kinder sich und das, was sie bewegt, zeichnerisch und malend auszudrücken versuchen. Dann erst kann man erkennen, was in ihren Darstellungen zum Ausdruck kommt und was sich hinter ihren Gemälden verbirgt.

»Die Spur« nennt es Arno Stern und er beschreibt in diesem Buch auf einfühlsame Weise, wie er diese »Spur« gefunden hat und wie man selbst dieser »Spur«, dieser im Zeichnen und Malen von Kindern zum Ausdruck kommenden »Spur«, auf die Spur kommen kann.

Prof. Dr. Gerald Hüther

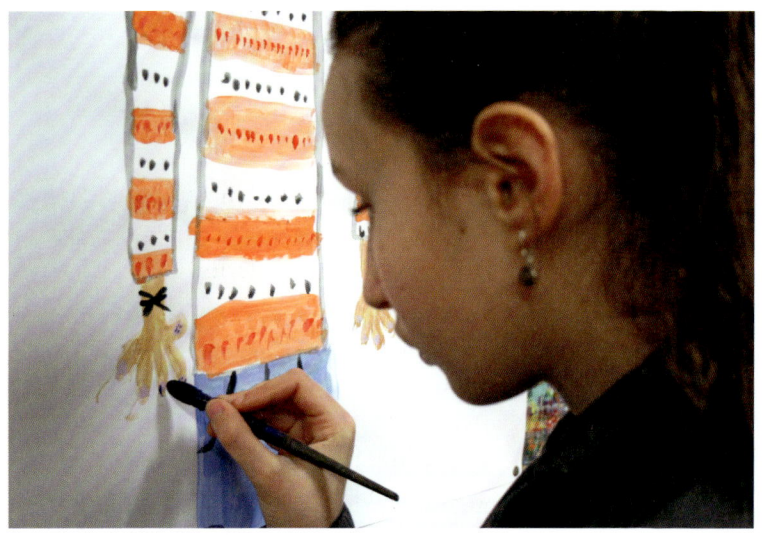

1
DAS SPIEL UND DIE SPUR

Lehrer, Lehrerinnen, Erzieher und Erzieherinnen, besonders für Euch habe ich dieses Buch geschrieben – wobei zu den Erziehern nicht zuletzt alle Eltern gehören. Ich bitte darum: Gebt Euch die Mühe, es zu lesen. Schon wenn Ihr beginnt, darin nur zu blättern, und einen Blick auf die Bilder werft – möglicherweise auf die Schematafeln –, werdet Ihr verstehen, dass es Euch direkt angeht.

Ich arbeite seit mehr als 60 Jahren mit Kindern – allerdings nicht im schulischen Rahmen. Als Lehrer wäre ich schon lange pensioniert und erholte mich von der mühsamen Karriere. Ich beabsichtige jedoch gar nicht, meine Tätigkeit aufzugeben, und übe sie uneingeschränkt aus wie in meiner Jugendzeit. Ich habe damals meinen Beruf erfunden. Deshalb passt er mir besser als ein von der Stange Genommener, in den man sich einleben muss.

Darf ich fragen, ob Sie von Ihrer Tätigkeit so begeistert sind wie ich von meiner 1946 erfundenen Rolle und ob das Zusammensein mit Kindern für Sie eine endlos beglückende Begebenheit ist, auf die Sie sich alltäglich freuen?

Mit 20 Jahren wurde mir eine Stelle in einem Heim für Kriegswaisen angeboten; mein Auftrag war es, die Kinder zu beschäfti-

Das Kinderheim in Fontenay-aux-Roses 1946–1947

Erste Einrichtung im Kinderheim. Zunächst malten die Kinder am Tisch ...

gen. Die Mittel dazu waren beschränkt in dem durch Krieg und jahrelange Besatzung ausgeplünderten Frankreich. Es galt, das knapp Vorhandene zu nutzen: aufgefundene Bleistifte, Abfallpapier usw. Ich wusste nicht, dass damit Wunder geschehen können. Denn so schien mir, dem Unerfahrenen und zugleich von keinem Vorurteil Belasteten, was dann geschah: Es war wundervoll, Zeuge der Begeisterung der Kinder zu sein – Zeuge und zugleich Ermöglicher, denn darin allein, das begriff ich sofort, bestand meine Rolle.

In dem als Kinderheim notdürftig eingerichteten Schloss aus dem 18. Jahrhundert war von der alten Pracht kaum eine Spur übrig geblieben. Schlafsäle, Klassenzimmer, mit kargen Mitteln ausgestattet, entstellten die ehemaligen Prunksäle. Nur dem geräumigen Treppenhaus in der Mitte des Hauses haftete noch etwas von einer üppigen Lebensweise an. Aber wer bemerkte das schon? Der Sinn für das Kostbare war

... später malten sie an der Wand

grundlegenden Bedürfnissen geopfert worden. Verfolgte sind keine Feinschmecker mehr, ihr dringendster Wunsch ist es, nicht zu verhungern. Der Krieg war vorüber und wer ihn überlebt hatte, war bestrebt, sich auch in der neuen Lage zurechtzufinden. Alle hier im Kinderheim waren auf wundersame Weise der Deportation entgangen. Die Mehrzahl der Kinder wie auch die als Betreuer angestellten jungen Leute waren in Klöstern oder bei Bauern versteckt gewesen und erfuhren erst jetzt, dass ihre Eltern vergast worden waren.

Sehr bald nach Kriegsende, während Nahrungsmittel noch rationiert und nur mit Lebensmittelmarken käuflich waren, wurde Farbe wieder hergestellt, und ich konnte Tempera in großen Glastöpfen anschaffen.

Als ich den Kindern das Spiel mit Pinsel und Farbe anbot, begann das eigentliche Abenteuer. Es begann in einem kleinen Zimmer auf dem Dachboden, und später richtete ich einen geeigneteren Raum in einem ehemaligen Stall für dieses Spiel ein, abseits des Hauptgebäudes, mit Fenstern und einer Glastür auf der einen Längsseite. In dem zuvor für die Zeichen- und Malstunden gestalteten Raum stand ein Tisch in der Mitte, darauf eine Reihe aus einstmaligen Schulpulten stammende Tintenfässer, und neben diesen lagen Pinsel – irgendwelche kleinen Aquarellpinsel, wie sie Grafiker verwendeten. Die Kinder saßen rings um die Tischplatte auf Bänken und Hockern, in üblicher Weise über ihre kleinen Papierbogen gebeugt.

Eines Tages wollte ein Kind ein größeres Bild malen, aber das Blatt passte nicht auf den Tisch und so hängte ich es ihm an der Wand auf. Das löste bei allen anderen denselben Wunsch aus. Der Tisch und die Bänke waren nunmehr unnötig geworden, und ich räumte sie weg. Nur in der Mitte des Raumes stellte ich ein schmales Brett für die Farben und Pinsel auf. In dem neuen Malraum konnten die Bilder bis zur Decke hinauf wachsen. Immer mehr Kinder wollten zu dem Spiel kommen und ich musste eine Möglichkeit erfinden, die Malgruppe zu erweitern. Dazu verkleidete ich die Fenster mit Brettern, sodass eine lückenlose Wandfläche die Malstätte umgab.

Allein aus dieser praktischen Erwägung heraus ist der einzigartige Malort entstanden, dessen vier Wände ein Schutzwall gegen das Eindringliche und Veränderliche sind; denn nur in dieser Geborgenheit kommt das Eigenerlebte uneingeschränkt zum Ausfließen. Von solch außergewöhnlichen Eigenschaften und Folgen wusste ich allerdings noch nichts und habe sie erst viel später erfahren. Mein alleiniges Bemühen war es, einem jeden Kind das Spiel leicht zu machen, damit es sich ungehindert dem angeregten Impuls hingeben kann.

Alles später zur Perfektion Weiterentwickelte hatte hier seinen Ursprung: der Malort, der Palettentisch, die dienende Rolle im Malspiel. Ich ahnte oder berechnete nicht, was diese außergewöhnlichen Bedingungen in jedem Menschen auslösen können. Anfangs waren es nur Kinder zwischen 5 und 15 Jahren, im Kinderheim und auch später noch, nachdem ich in der Stadt den ersten Malort einrichtete, die Académie du Jeudi, die Donnerstagsakademie¹.

Ich erkannte, dass durch dieses Spiel eine unvergleichliche Äußerung ins Leben gerufen wird, dessen Zeuge zu sein ich das einmalige Privileg hatte.

Mein Eintritt in das Kinderheim bei Paris war den drei Jahren der Internierung als Zivilflüchtling im Schweizer Arbeitslager fast übergangslos gefolgt. Andere junge Menschen studieren, erwerben Diplome für eine zukünftige Karriere. Das hätte auch mir geschehen sollen. Aber es kam eben anders. Ich hatte schon als Kind, nach der Flucht aus dem Dritten Reich, das Leben auf eine ungewöhnliche Weise erfahren – als Bedrohter, Ausgestoßener, nirgendwohin Gehörender ...

In den folgenden Jahren entdeckte ich, dass die bildnerische Spur des Kindes nicht, wie allgemein behauptet wird, der Kunst angehört, sondern Bestandteil eines eigenständigen Gefüges ist. Ein halbes Jahrhundert lang vertiefte ich mich in ihr Studium.

Aber ich bin kein Forscher im üblichen Sinne, der von einem genialen Einfall fasziniert eine Theorie entwickelt, für die er Beweise sucht. Ich bin überhaupt kein Theoretiker. Ich suchte nichts. Was ich fand, ist mir in einer überzeugenden Fülle entgegengekommen. Ich nahm es auf. Es wiederholte sich. Nichts war zufällig – oder gar außergewöhnlich wie ein Kunstwerk. Es war allen eigen, den Hunderten von Menschen, die vor meinen nichts fordernden Augen unvergleichliche Spuren entstehen ließen, die ich achtungsvoll aufbewahrte.

Im Jahr 1952 zog ich in das damals berühmteste Viertel von Paris um Saint Germain-des-Prés, wo der Académie du Jeudi ein unermesslicher Erfolg beschieden war. Hier entwickelte sich auch die Forschung, nicht nur die Erkenntnis der originellen Phänomene, sondern auch das ihnen angepasste Vokabular.

---

1 Denn zu dieser Zeit war der Donnerstag in Frankreich schulfrei.

Als mich im Kinderheim die alltäglich entstandenen Bilder faszinierten, sprach ich von Kinderkunst als von einer besonderen Gattung. Neben allen anderen Gattungen oder sogenannten Schulen, neben dem Expressionismus, dem Futurismus, dem Kubismus, dem Impressionismus usw., glaubte ich, gäbe es auch die Kinderkunst als ein eigenständiges Kunstgeschehen.

Aber ich wurde mir alsdann bewusst, dass ein anderer Unterschied die kindliche Äußerung von allen anderen Gruppen entfernt, dass nämlich die Spur des Kindes, weil sie keine Botschaft vermittelt und sich nicht wie ein Werk an einen Empfänger richtet, gar nicht der Kunst angehört.

Diese Erkenntnis veranlasste meine Ablehnung aller verbreiteten Stellungnahmen zur Kinderzeichnung. Ich werde darauf noch zurückkommen.

Es wurde mir auch klar, dass die Spur des Kindes kein Fantasieerzeugnis ist, denn auch das wird oft behauptet, weil der vom Kind dargestellte Mensch einen übertrieben großen Kopf hat, weil ein toller Weg sich durch den Raum des Blattes schlängelt o.Ä. Ich wusste – schon sehr bald –, dass das keine lustigen Erfindungen des unvernünftigen Kindes sind, sondern dass sie als Bestandteile eines Codes einem geordneten Gesamtablauf angehören.

Ich verglich diese Gesetzmäßigkeit mit den grammatikalischen Gesetzen einer Sprache und bezeichnete diesen Code als die »Bildnerische Sprache«. Aber ich musste dann immer ergänzend hinzufügen: »Jedoch eine Sprache, die nicht der Kommunikation dient.«

Jahre hernach fand ich die vollgültige Benennung für das erkannte System, indem ich es »die Formulation« nannte. Ich bitte Sie, sich dieses Wort zu merken, das ich in meinem Buch immer wieder verwenden werde.

Ich bediente mich anfangs einiger bestehender Bezeichnungen wie *Kritzelei, Aufklappung, Kopffüßler*, die von Menschen stammen, die mit ihrem irregeführten Blick der Spur der Kinder begegnen und sie missverstehen. Für mich, der ich der Äußerung unter anderen Bedin-

Oben: Die Donnerstagsakademie. Eine Außenansicht der Rue de Grenelle
Unten: Eine Kindergruppe im dortigen Malort

Der spätere Malort

gungen begegnete, waren diese Benennungen unbrauchbar, weil sie die Sicht des Erwachsenen zum Maßstab nehmen. Ich werde dazu noch ausführlicher Stellung nehmen. Zuvor aber möchte ich mich dem zuwenden, was allgemein als »Kinderzeichnung« verstanden wird.

***

Seit vielen Jahren halte ich Vorträge. Es war seit jeher mein Anliegen – oder soll ich sagen: meine Pflicht! – das Erfahrene, das mich begeisterte, mit anderen zu teilen. Ich musste anfangs meine angeborene oder anerzogene Schüchternheit überwinden, um öffentlich das Wort zu ergreifen. Der Wichtigkeit dieser Aufgabe voll bewusst, erarbeite ich immer wieder neue Vorträge mit vielen Bildern aus dem Malort. Eine meiner Darbietungen, »Die Kinderzeichnung, ein verhängnisvoller Irrtum«, beginnt mit der folgenden Einführung:

»Überall in der Welt ist die Rede von Kinderzeichnungen. In allen Sprachen erscheinen Bücher und Zeitschriftenartikel über dieses Thema.

Ich werde Sie überraschen, wenn ich sage: Die Kinderzeichnung gibt es nicht! Die Benennung ›Kinderzeichnung‹ ist aus zwei Begriffen zusammengesetzt, die ich einzeln behandeln werde.

Ich beginne mit dem zweiten Teil des Wortes, mit der sogenannten Zeichnung. *Zeichnen* heißt Zeigen. Das Gezeigte ist für einen Betrachter bestimmt. Oder anders gesagt: Der Zeichnende, indem er ein Werk schafft, richtet sich an einen erhofften Empfänger. Es liegt im Wesen der Kunst, Trägerin einer Mitteilung zu sein.

Von der Spur des Kindes glaubt man also allgemein, dass sie dem gleichen Zweck diene wie die Äußerung des Künstlers. Und das ist nicht erstaunlich, weil überhaupt nur diese kommunikative Rolle der Spur bekannt war und sie immer in diesem Sinne geschah. Dies ist auch durch die Tatsache bestätigt, dass für das Hervorbringen einer Spur in der kunstpädagogischen Fachliteratur stets dieses einzige

»*Was hast du hier darstellen wollen?*«

geläufige Wort ›zeichnen‹ verwandt wird.

Das erklärt auch die unglückliche Einstellung zur Spur des Kindes. Der Erwachsene glaubt, das Kind zeichne, um ihm etwas mitzuteilen, und es erwarte eine Rückwirkung, möglicherweise Lob für das gefällige Bild. Zu einer solchen Abhängigkeit sind die Kinder in unserer Gesellschaft erzogen worden.

Was empfindet das Kind, wenn der Erwachsene zu ihm tritt, mit seinen Fragen und Aufforderungen: ›Was hast du hier darstellen wollen?‹, ›Ist das eine Blume? Und was soll denn das hier sein?‹, ›Nun erklär mir mal deine Zeichnung!‹ Glaubt wohl jemand, dass diese grobe Einmischung in des Kindes Spiel förderlich sei? Sie zwingt das Kind zum *Vorspielen*.

Das erzwungene Vorspielen erzeugt dann nur die Spuren der Abhängigkeit des gezähmten Kindes, dem die natürliche Spur verdorben worden ist. Wie jämmerlich sehen diese Zeichnungen aus, die nicht der Formulation angehören: verarmt wie die entwürdigten Ausgestoßenen der Metropolen, die in den Elendsquartieren verkommen.

Der Vergleich ist gar nicht übertrieben! Ich denke mit Wehmut an die fröhlichen Kinder, die ich im Urwald und in der Wüste habe malen lassen und die wohl danach mit ihren Eltern aus ihrer ›primitiven‹ Lebensweise in ein unentrinnbares Elend vertrieben wurden. Wenn Sie, nachdem Sie dieses Buch gelesen haben, die Formulation kennen,

»Nun erklär mir mal dein Bild!«

werden Sie den Schaden ermessen können, von dem ich hier spreche.

Des Natürlichen entwöhnt, weiß das Kind gar nicht mehr, was das Spielen mit der Spur überhaupt sein kann. Mit dem Stift oder Pinsel in der gezähmten Hand führt es die befohlenen Aufgaben aus, um gut beurteilt zu werden.

Doch zurück zu dem Wort ›Kinderzeichnung‹, das ich aus einem zweiten Grund ablehnen muss. Denn nicht nur das *Zeichnerische* darin ist verwerflich, sondern auch der Wortteil, der das *Kindliche* oder *Kindhafte* bezeichnet, entspringt einer irrigen Annahme.

Ausgehend von der Behauptung, die Spur sei altersbedingt und es gäbe eine dem Kindesalter entsprechende Äußerungsweise, sind unzutreffende, schädliche Begriffe verbreitet worden; so der Glaube, dass Kinderbilder aus der Fantasie entstehen und es ein mehr oder weniger entwickeltes Einfallsvermögen gäbe, etwas wie eine schöpferische Veranlagung.

Das, was das Spielen auszeichnet, ist die Abwesenheit eines Erzeugnisses. Das Geschehen allein ist wichtig, und es gibt kein Nachher – während das Ziel der künstlerischen Schöpfung gerade die Erarbeitung eines Werkes ist.

Fantasie, Veranlagung, Einfallsvermögen usw. sind keine für die Spur des Kindes anwendbaren Begriffe. Das Kind erarbeitet kein

Werk. Das spielende Kind legt sich eine Welt an – seine eigene ungeteilte Welt. Es ist wichtig, dies zu wissen. Weil seine Äußerung keine Botschaft enthält, ist sie auch von keiner Erwartung begleitet. Was ist nicht alles von der Kinderzeichnung behauptet worden! In vielen Schriften steht, das kleine Kind sei noch unfähig, seine Gedanken in Worte zu fassen; es zeichne, weil es noch unvernünftig sei. Und mit der Zunahme der Vernunft versiege die wundersame Quelle kindlicher Fantasie. Dem vernünftig gewordenen Kind sei also die kreative Fähigkeit erloschen. Welch grobe Unwahrheit!

Eine solche wundersame Quelle gibt es überhaupt nicht. Die Äußerung entwächst einer inneren Notwendigkeit und hat mit Einfällen gar nichts zu tun. Diese Notwendigkeit besteht in jedem Menschen und ein jeder besitzt auch die angeborene Fähigkeit, die die Äußerung möglich macht. Das besagt auch, dass es für das Malspiel weder Begabte noch Unbegabte gibt. Wie bedauerlich ist doch die Klage von entmutigten Menschen: ›Ich bin ganz unbegabt!‹ oder deren Variante ›Ich kann nicht zeichnen!« Die Formulation beginnt früh im Leben, sie gehört zu den Spielen des kleinen Kindes und begleitet den Menschen durch sein ganzes Leben.

Als Formulation bezeichnet, erscheint die Spur des Kindes nicht mehr als eine mehr oder weniger gut gelungene Zeichnung, sondern als eine nicht infrage gestellte, in jeder ihrer Entwicklungsphasen und in allen ihren Bestandteilen endgültige Äußerung.

Die Kenntnis der Eigenart und der Abläufe der Formulation ist unentbehrlich, um der Spur des Kindes fördernd zu begegnen.

Unkenntnis, Verwechslung, blinde Übernahme veralteter Gewohnheiten führten zu … ich sagte es: einem verhängnisvollen, ja sogar historischen Irrtum. Alle bekannten über dieses Thema veröffentlichten Schriften enthalten die gleiche Fehlbeurteilung: die falsche Behauptung, das Kind sehe nicht richtig und sei daher unfähig, das mangelhaft Betrachtete richtig wiederzugeben. Für die akademischen Kunstpädagogen bestand die Rolle des Künstlers vorrangig darin, eine naturgetreue Wiedergabe der Dinge zu erzeugen.

Zeichenunterricht früher

Die Grundlagen dafür waren die Perspektive, die richtigen Proportionen, die korrekte Anatomie ... Diese Begriffe beherrschten jahrzehntelang die Einstellung der Erwachsenen: ›Das ist schon recht gut gezeichnet; man beginnt zu erkennen, was es (das Kind) darstellen wollte!‹

Jahrzehntelang war Abzeichnen ein schulisches Dogma. Anstatt Zeugen des natürlichen Ablaufs zu sein, sahen die Belehrenden ihre Aufgabe – und ihre Rechtfertigung – darin, dem vermeintlich hilfebedürftigen Schüler über sein Unwissen und seine Unfähigkeit hinwegzuhelfen.

So war es 1900, 1920, 1950 und noch einige Jahre später. Dann aber kam es zu einer Wandlung, besser gesagt, einer Spaltung in der Beurteilung der kindlichen Äußerung: Die ursprüngliche, zuvor erwähnte, bestand neben der jüngeren weiter, sodass Eltern oder Berufserzieher die Kinder zum einen zur naturgetreuen Wiedergabe von etwas zum Betrachten Vorgeschriebenen und zum anderen zum ungebändigten

Künstlerparodien der Gegenwart

Beschmieren, Zerfetzen, Zusammenkleistern anregten. Bei Letzterem verwechselten sie zwei Begriffe: Spontaneität und Zufälligkeit.

Dieses weltweit gepriesene, als freies Verfahren angesehene ›Laisser-faire‹ ist schädlicher als das erdrückende Dogma des genauen Abzeichnens. Die Verherrlichung des Zufälligen entwürdigt das wahre Kunstschaffen und verwandelt im Kind den veranlagten Glauben an den Ernst des Spielens in eine schändliche Gaukelei.«

Wer von Kinderkunst spricht, ist des öffentlichen Beifalls sicher. Wie viele Eigenschaften werden ihr zugeschrieben, erfundene Eigenschaften, die mit der wahren Äußerung in keinem Verhältnis stehen; Besonderheiten, die es nicht sind, weil das außergewöhnlich Scheinende in Wirklichkeit ein konventioneller Vorgang ist. Von unbegründeten Interpretationen gar nicht zu reden!

Ich habe es selbst erfahren, als ein vermeintlicher Zauberer gefeiert zu werden, der den Kindern die originellsten Einfälle entlockt. Wer sollte dem nicht zujubeln! Alle damaligen Medien verbreiteten meinen Ruf.

Wiederholt und auf wundersame Weise bin ich zwischen 1933 und 1945 vielen Gefahren entkommen. So auch später derjenigen des Starkults. Meine Rettung verdanke ich dabei der totalen Hingabe – auf Kosten aller mondänen Versuchungen – an das Erforschen der Formulation, die wie eine endlose Offenbarung sich mir aufdrängte.

Wenn ich mit uneingeschränkter Bestimmtheit die Formulation den Behauptungen anderer Autoren gegenüberstelle, meint wohl so mancher, ich sei anmaßend. Es ist aber ganz sicher nicht so, dass ich mich mit meinen Werken brüste. Ich habe ja nichts erfunden!

Ich bin der Äußerung des Kindes mit einer keuschen Unvoreingenommenheit begegnet, und was sie auszeichnet, hat sich mir unwiderstehlich eingeprägt. Weil die Gebilde der Formulation in einer alltäglichen Fülle so selbstverständlich bei jedem Kind entstanden, konnten sie meiner Achtsamkeit nicht entgehen.

Andere, die von der Psychologie, der Kunst, der Pädagogik oder der Philosophie her kamen und sich für das Zeichnen der Kinder interessierten, waren eben von diesen ungeeigneten Wissenschaften beeinflusst, die beharrlich an ihnen hafteten. Es ist nicht erstaunlich, dass das Wesen der Formulation hinter ihren getrübten Vorstellungen verborgen blieb.

Ich kam nirgendwoher, brachte keine vorgeformte Einstellung mit, sondern war durch die Besonderheit meiner Jugend als Verfolgter unvorstellbar frei von Vorurteilen. Hinzu kommt, dass ich mich seit der ersten Begegnung mit Kindern nichts anderem widme; dass sich mein Leben im Malort abspielt und meine Zuwendung zur Formulation nicht eine gelegentliche Beschäftigung unter vielen ist wie die Hinwendung zur Kinderzeichnung für die Mehrzahl der angesprochenen Autoren.

Als Letztes sei erwähnt, dass ich mich nie, wie das in anderen Büchern oftmals geschieht, auf fremde Beiträge berufe und zur Illustration einer Theorie irgendwelche Bilder unkontrollierter Herkunft verwende. Ich bin selbst Zeuge des Geschehens gewesen und habe die Abläufe der Formulation während ihres Entstehens verfolgt. Der Malort war immer schon wie ein Treibhaus für die Formulation. Und später konnte ich meinen Forschungsbereich noch erweitern, indem ich in abgelegene Gegenden fuhr, um Urwaldbewohner und Nomadenkinder malen zu lassen, die nie eine Schule besucht hatten und deren Spuren von absoluter Spontaneität zeugen. Aus dieser eigenen Erfahrung kann ich – anhand Tausender von Blättern aus Peru, Mauretanien, Neuguinea, dem Niger u.a. – dokumentieren, dass die Formulation ein Universalgefüge ist.

Als ich verkündete, dass die Spur des Kindes nicht der Kunst angehört, war es manchen bang um die schönen Bilder von besonders begabten Kindern, derer wegen sie in ihrer kunsterzieherischen Rolle gelobt wurden. Sie verübelten mir meine Einstellung gegen Ausstellung, Prämierung, Belohnung.

Dass die Formulation ein Universalgefüge ist sollte doch eigentlich jeden erfreuen. Diese Erkenntnis beseitigt Vorurteile und öffnet neue Wege in der Beziehung zu Kindern. Denn wer die Äußerung des Kindes als etwas Wertvolles aufnimmt, dem erscheint das Kind in seiner spielenden Rolle und darüber hinaus als ein ernst zu nehmendes Wesen.

Zur Anerkennung der Formulation tragen inzwischen auch die Forschungen in anderen Bereichen wie der Genetik, der Hirnforschung und der Embryologie bei, deren Vertretern zwar die Formulation überwiegend unbekannt ist, die aber auf ihre Weise und mit ihren Benennungen den Ursprung dieser originellen Äußerung erklären.

Die Formulation wurzelt in der Organischen Erinnerung. Gäbe es eine solche nicht, wären wir unseres Ursprungs enteignet, dann wäre von all dem früh Erlebten keine Spur in uns aufbewahrt. In der Organischen Erinnerung sind von unserem Entstehen und von unserer embryonalen Entwicklung einzigartige Eintragungen aufgespeichert worden, die der Überlegung entgehen. So besteht neben unserem zeitlich begrenzten Gedächtnis eine der Vernunft verschlossene, vergessene Aufsparung – aber nicht als gesammelte Bilder wie in einem Fotoalbum. Daher ist auch die Äußerung, die aus ihr schöpft und ihre Formeln wiederbelebt, nicht eine Verbildlichung von Geschehnissen, sondern der verborgene Untergrund der Trazate, also jener Gebilde, die sich unter geeigneten Umständen in der Formulation ergeben.

Das Malspiel zwischen 1950 und 1970

Wenn Sie zu dieser Erkenntnis gekommen sind, wird Ihnen klar, dass die Spur des Kindes bisweilen verkannt worden ist, und Sie ermessen wohl, wie dringend es ist, ein so kostbares Äußerungsmittel zu retten. Denn die Formulation ist das einzige Ausdrucksmittel der Organischen Erinnerung. Weil die Aufspeicherungen in dieser Erinnerung sich dem Verstand entziehen, können sie nicht zu Worten werden. Wenn sie sich jedoch als eigentümliche Gebilde der im Malspiel dazu angeregten Person aufdrängen, ist es für diese eine besonders beglückende Begebenheit.

Diese Anregung bedarf einer besonderen Einrichtung und der zuvor erwähnten Gegenwart der malspieldienenden Person. Es ist nicht mein Anliegen, Sie zu dieser Rolle zu überreden, die im schulischen Rahmen kaum einen Platz fände.

Wesentlicher als das, was Sie den Kindern vorschlagen, ist das, was Sie zukünftig entschieden ablehnen werden; sei es, dass Sie, im Schwung alter Gewohnheiten gegen die Spontaneität handeln – und sich sodann mit einem stechend schlechten Gewissen an die Stirne greifen und sagen: »Was tue ich da? Das kann ich doch nicht verantworten!«

Das wird wohl manches sein, das Sie früher guthießen: Sie glaubten, wie die Mehrzahl der Menschen, Kunsterziehung sei eine Bereicherung für die Schüler, und so haben Sie wohl Reproduktionen von anerkannten Künstlern als Vorbilder gezeigt (meist eher von Matisse, von Pollock als die »Mona Lisa« und die »Nachtwache«).

Die so entstandenen »Kunstparodien« sind hernach sicherlich ausgestellt, besprochen, verglichen worden ... Haben Sie den Schülern nie Themen vorgeschlagen, mit der Begründung, dies sei nötig, um die standhaft wiederholten Darstellungen von Haus, Mensch, Sonne und Baum zu überwinden und mit frischen Ideen fantasiereiche Werke herzustellen?

Häuser, Menschen, Bäume ... Es ist doch erstaunlich, dass die Erwachsenen immer wieder diesen typischen Bildmotiven begegnen und daraus nicht schließen, dass deren wiederholtes Auftreten einem *natürlichen Verlangen* entsprechen muss. Richtiger wäre es, zu

Wiederholung und Betonung des Wesentlichen in der Bilderfolge von Alain

sagen, dass sie einem *inneren Bedürfnis* entfließen.

Die Wiederholung ist ein Grundprinzip der Formulation und bezieht sich nicht nur auf das Dargestellte, ich werde das in späteren Kapiteln dieses Buches ausführlich zeigen und darauf hinweisen, dass die Wiederholung nicht in Widerspruch mit der Entwicklung steht, sondern dass diese beiden Begriffe sich ergänzen. Dies ist auffallend in der Bilderreihe eines Kindes (hier Alain), in der immer wieder die gleichen Dinge dargestellt sind, aber nicht wie erstarrte Gegenstände vervielfältigt, sondern jedes Mal neu belebt und im Wesentlichen, das sie hervorgerufen hat, bekräftigt.

Die Bild-Dinge Mensch und Haus folgen in der Formulation einem programmierten Entwicklungsablauf, der jedoch nicht die Verbesserung einer zuerst mangelhaften Darstellungsweise zum Ziel hat. Er besteht aus einer Reihenfolge von vorbestimmten Gebilden, nicht aus der Wiedergabe von Betrachtetem und auch nicht aus der Fantasie entflohenen Erfindungen.

In der Konsumgesellschaft ist Wiederholen ganz allgemein schlecht an-

gesehen. Der Mensch soll immer etwas Neues anstreben. Seine Wünsche sollen ihn zu noch Unerprobtem treiben. Dabei befriedigt er gar nicht eigene Wünsche, sondern sucht einen künstlichen Ausgleich für eine aufgedrängte Unzufriedenheit. Das System der Konsumgesellschaft kann nur durch ein mittels autoritärer Werbung unterhaltenes Dauerverlangen in ihren Angehörigen weiter bestehen. Der größte Feind dieses Systems ist die Genügsamkeit. Gemeint ist dabei keineswegs Verzicht oder Einschränkung, sondern die Wertschätzung des natürlichen Verlangens nach Beständigkeit.

Auf das Spielen mit der Spur übertragen heißt das: Es ist unzweckmäßig, Kinder zu immer neuem Experimentieren mit unerprobten Techniken und Materialien anzuregen. In der Kunsterziehung ist es aber so: Heute wird mit Stiften gezeichnet, morgen mit dem Pinsel gemalt, in der nächsten Stunde ausgeschnitten, in der darauf folgenden graviert; und so überfallen immer neue Angebote die gutwilligen Kinder. Vertiefung, Verfeinerung, das Bewusstsein eines wahren Könnens sind dabei unberücksichtigte Werte.

Wie beglückend gerade das gründliche Erlangen von Fähigkeiten und das Bewusstsein eines solchen Könnens sind, lässt sich im Malspiel ermessen, wo es bei jedem sichtbar ist – und besonders auffallend bei ganz kleinen Kindern, die sehr schnell mit einer erstaunlichen Gewissenhaftigkeit den Pinsel vom Palettentisch nehmen, seine Spitze ganz präzise in Wasser und Farbe eintauchen und ihn ohne zu klecksen zum Entstehenlassen der Spur auf dem Blatt verwenden.

Sie haben wohl bemerkt, dass ich viele Begriffe und Handhabungen ablehne, die in Bezug auf die Formulation unbrauchbar sind. Die ersten Autofahrer konnten ihrem Motor auch nicht mehr »Hüh!« oder »Hott!« zurufen. Sie mussten sich gänzlich umstellen. Mit der Spur kann man nicht anders verfahren.

Was ich in diesem Buch zeige, ist etwas wirklich Neues, aber ich denke doch, dass es mit Ihrem Wunsch nach einer Veränderung des erzieherischen Verhaltens vereinbar ist; und ich begehre, wenn nicht Ihre sofortige Zustimmung, so doch zumindest Ihre Offenheit für das Neue.

Der heutige Malort in Paris (Montparnasse)

Oben: Giruli
Unten: Punktili

2
DIE FORMULATION

Die Formulation hat einen doppelten Anfang. Zu Beginn meines Studiums wusste ich das so wenig wie Sie, weil es ja auch allgemein unbekannt ist. Aber erst, wenn man das weiß, versteht man die Abläufe der Formulation und die Zusammenhänge ihrer verschiedenen Bestandteile. 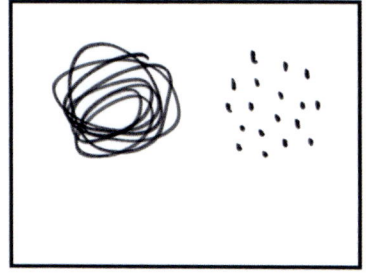 Der eine Anfang, der üblicherweise verächtlich als Kritzelei bezeichnet wird, ist in allen Büchern über Kinderzeichnungen angegeben, und von ihm ausgehend ist eine Entwicklung beschrieben, die zur »korrekten« Darstellung der Dinge führt. Das ist jedoch eine beschränkte Interpretation des wahren Vorgangs.

Nachdem ich die Bestandteile der Formulation und ihre verfolgbaren Evolutionen erkannt hatte, war es – schon vor vielen Jahren – mein Verlangen gewesen, etwas wie einen Stammbaum der Formulation anzulegen. Das gelang aber nur teilweise. Manches, dem ich begegnete, passte nirgendwo hin. Es war, als stünden einige Figuren neben den zusammenpassenden Abläufen. Woher stammten sie? Ihr Ursprung blieb dem Stammbaum fremd.

Als ich aber den zweiten Anfang erkannte, reihten sich alle diese heimatlosen Gebilde in dessen Folge ein, und die Formulation wurde zu einem lückenlosen organischen Gefüge.

Zum einen gibt es die aus einer impulsiven Drehbewegung entstandene Spur, der ich einen würdevollen Namen gab, indem ich sie als GIRULI bezeichnete und die ich damit in den Rang einer beachtenswerten Äußerung erhob. Zum anderen bestehen die von mir so genannten PUNKTILI, die aus einem impulsiven Beklopfen des Blattes entstehen.

Beide Äußerungen geschehen bei jedem Kind, mehr oder weniger gleichzeitig – sei es in der Folge der Blätter, sei es, und dies oftmals, sogar im gleichen Raum des Blattes.

Die Drehgebärde beansprucht weniger Energie als das Beklopfen der Papierfläche. Dies erklärt, warum die Giruli häufig zahlreicher erscheinen als die Punktili.

Die Drehbewegung – der vielfach ein Hin-und-her-Schieben des Stiftes vorangeht – ist für das kleine Kind eine begeisternde Tätigkeit. Das Kind entdeckt gewissermaßen die vor seinen Augen geschehende Spur, als komme sie ihm in diesem leeren Raum entgegen.

Die Giruli, aus der vom kleinen Kind dazu aufgebrachten Energie entstanden, beglücken das Kind, das sich rückhaltlos dieser Tat ergibt. Sie entsprechen dem Ausmaß seiner Fähigkeiten und deren Grenzen; sind zweifelsohne genussreich.

Vielen Eltern und Erwachsenen im Allgemeinen entgeht die Wichtigkeit dieser ersten Spuren. Sie nehmen sie nicht ernst, schränken den Bedarf des Kindes ein, als vertue es unnötig das wertvolle Papier.

Die Begeisterung des Kindes bei diesem Spiel ist unwiderstehlich überzeugend. Der aus einer so dringenden und rückhaltlosen Hingabe entstandenen Spur sollte der Erwachsene keinesfalls mit seiner sturen Verachtung beggnen, als sei es nur ein sinnloses Getue.

Dass die meisten Eltern diese ersten Äußerungen nicht ernst nehmen kann ich ihnen nicht verübeln, denn ihr Verhalten entstammt dem allgemein herrschenden Unverständnis, das einen weit zurückliegenden Ursprung hat – der ursprünglichen Auffassung eben, dass die Spur etwas darstellen müsse.

Oft ist es vorgekommen, dass mir Eltern die Zeichnungen ihrer Kinder brachten, damit ich sähe, was sie zu Hause oder anderswo hervorgebracht haben: zuweilen schlecht behandelte Papierfetzen in einer Rolle oder in einem Kasten; unfehlbar war da der vorbildgetreue Weihnachtsbaum, etwas Rotkäppchen-Ähnliches, ein vom Erwachsenen nachträglich verunstaltetes, ungeschickt dargestelltes Haus und unausbleiblich auch Menschen, denen die Vorlage des Belehrenden anhaftete.

Ich fragte dann jedes Mal: »Und zuvor? Was zeichnete denn das Kind, als es noch kleiner war?« – »Oh, da konnte man noch gar nichts erkennen. Das haben wir nicht aufgehoben!«

Ich lese Ähnliches in manchem Buch über Kinderzeichnungen, und ich staune über das allgemeine Unverständnis. Weniger verwunderlich ist es noch, wenn in den älteren Veröffentlichungen die frühen Spuren des Kindes als »unzusammenhängende Striche« bezeichnet sind, Striche die noch nichts »Erkennbares« darstellen.

Diese zähen Fehlbeurteilungen sind jedoch von den späteren Autoren bereitwillig übernommen worden. Und sie überleben auch noch in vielen gegenwärtigen Veröffentlichungen und verirren die Denkweise gutgläubiger Leser.

Über diesen jeder Beliebigkeit ausgelieferten Bereich der kindlichen Spur gibt es allerdings auch gegenteilige Meinungen. Den Kritzeleien sind alle möglichen Eigenschaften angedichtet worden: Eine Autorin vergleicht die »Kritzelei« mit der kosmischen Dynamik, als rege sich diese im Kind. Genau wie auch in den später entstehenden runden Figuren der Kreislauf der Planeten zu erkennen sei, den das Kind in seinem Wesen nachvollziehe oder mit dem es verbunden sei.

Ich gestehe, dass ich die Verachtung weniger verderblich finde als diese anerkennenden, unbelegbaren Behauptungen – ebenso wie ich den früheren, obgleich sinnlosen Zeichenunterricht den später eingeführten, verächtlichen kunstparodierenden Kleckserein vorziehe.

***

Den ersten Spuren aus ungebändigten, wiederholten Gebärden wird als erster Schritt der Weiterentwicklung eine abgerundete Spur folgen.

Die wiederholte impulsive Gebärde, aus der die Giruli entstanden sind, verlangsamt sich später, was der Verfeinerung der Motorik entspricht und woraus eine mehr oder weniger lange abgerundete Spur entsteht.

Und dank einer weiterhin zunehmenden Bestimmtheit der Gebärde wird das Kind fähig, das Ende der Schleife mit ihrem Anfang zu verbinden, wodurch die *erste Figur* entsteht. Es kann die runde Figur sein oder die sogenannte Tropfenfigur. Beide treten gleichzeitig oder nacheinander in einer unbestimmten Reihenfolge auf.

Die erste Figur: ein Ereignis im Leben des kleinen Kindes! Das zwar nicht gefeiert wird, jedoch eine stolze Befriedigung in seinem Gemüt auslöst, und der als stummer Zeuge der Erwachsene ohne Lob noch Applaus zustimmt.

Viele weitere Figuren werden im Laufe der darauf folgenden Monate von diesen beiden Gebilden abstammen. Vorausgesetzt, dass sich

kein Fremder in das Spiel einmischt und mit seinen Fragen und Ratschlägen den Verlauf des vorbestimmten Geschehens verunmöglicht. Lange Zeit wird das Kind mit diesen Erstfiguren spielen, die sich nacheinander seiner Hand aufdrängen und deren Bildung ihm leicht fällt. Das Kind erfindet sie nicht, es stimmt ihrem Entstehen zu und empfängt eine jede, so wie sie sich vor seinen Augen im Raume des Blattes durch seine spontane, unbeschwerte Gebärde gebildet hat.

Ihre Reihenfolge ist von Kind zu Kind verschieden, wie auch die Bevorzugung dieser oder jener Figur. Aber alle Figuren stehen einem jeden Kind zur Verfügung. Gewisse Abläufe der Formulation sind allerdings programmiert, vergleichbar dem Gedeihen einer Pflanze, das vom Samenkörnchen bis zur späteren Frucht und dem darin entwickelten Samen unaufhaltsam seinem vorbestimmten Ablauf folgt.

Dem kleinen Kind ist eine lange Zeit der Unbeschwertheit vergönnt, in der sich viele Gebilde seinem Spiel anerbieten. Was sie auszeichnet ist wertvoll, denn die Erstfiguren entstehen nicht aus der Absicht, sondern aus einem inneren Bedürfnis. Und diese Fähigkeit – des Spontanseins – ist für den anschließenden Verlauf der Formulation entscheidend.

Später wird sich die Absicht hinzugesellen; die Äußerung ist dann ein Hin und Her – oder ein Zusammenwirken – von Vernunft und innerer Regung.

Der Vernunft ist in unserer Kultur und betontermaßen in der Erziehung eine überdimensionierte Rolle eingeräumt worden. Daher fällt es den Menschen schwer, den Schritt zu wagen, der über eine nie überschrittene Schwelle hinaus in ein unerprobtes Befinden führt, um in einer gedankenentsagenden Verfassung tätig zu sein – so wie es einzig in der Zeit der Erstfiguren lange andauernd geschah.

Aber mit diesen Überlegungen habe ich vielleicht einen zu weiten Sprung nach vorne gemacht, und es besteht die Gefahr, dass die Erstfiguren auf der Strecke bleiben, die Erstfiguren, von denen ich noch einiges zu sagen habe.

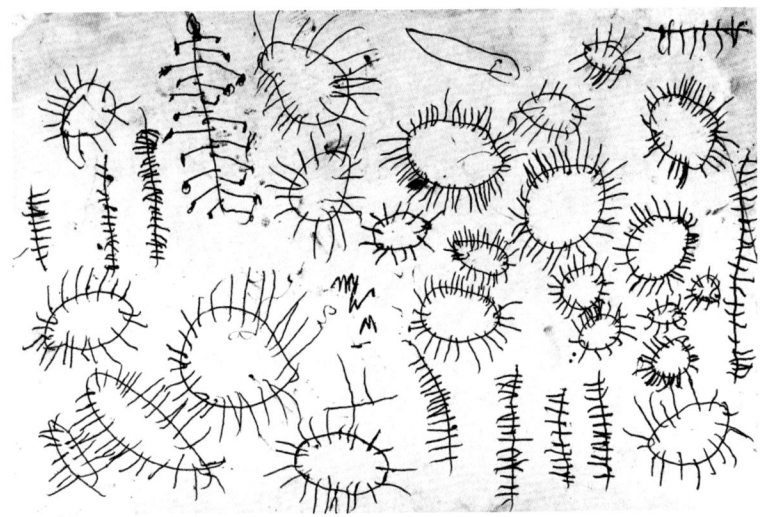

Strahlen- und Grätenfiguren von Marcelina im Urwald von Peru

Vor Jahren, als ich von meinem Aufenthalt im Urwald von Peru heimkam, betrachtete ich die unzähligen mitgebrachten Blätter mit Erstfiguren und typischen Bild-Dingen von den ungeschulten Kindern, deren Leben so anders ist als das in unserer Gesellschaft. Und jemand kam zu mir, in meinen damaligen Empfangsraum, schaute mir über die Schulter, fragte nach der Herkunft der Bilder und kam zu dem bezeichnenden Fehlschluss: »Offensichtlich stammen die Bilder aus einem heißen Klima, die Kinder haben so viele Sonnen gezeichnet!« Sonnen? – Ich berichte von dieser an sich belanglosen Begebenheit, weil sie die landläufige Meinung veranschaulicht, die Spur diene unvermeidlich dem Darstellen. Was dieser Besucher aussprach, denken fast ausnahmslos alle Erwachsenen – obwohl sie von abstrakter Kunst wissen oder gar unfigürliche Bilder bei sich aufhängen.

»Was hast du hier darstellen wollen?«, so oder ähnlich lautet die übliche Frage, diese unbedacht vernichtende Frage des anmaßenden Erziehers, die wie seine ganze Einstellung zur Spur des Kindes unangemessen ist.

Der diese Frage stellende Erwachsene ermisst wohl nicht die Folgen seines ungeschickten Handelns; denn wenn das kleine Kind nicht mehr unbeschwert mit den Erstfiguren spielt, entsteht eine schmerzhafte Lücke in seiner Entwicklung.

Deshalb ist es so dringend, die Formulation – und besonders diese Vorgänge in den frühen Kindheitsjahren – bekannt zu machen, deren Enthüllung in jedem eine zustimmende Wirkung entfacht.

Neben dem programmierten Ablauf, der von den Giruli zur Figur leitet, findet eine Weiterentwicklung statt, die von den *Punktili* ausgeht und über eine Zwischenstufe zum *Strich* führt.

Die Punktili sind die Menge der wilden Aufschlagpunkte, die aus dem Beklopfen des Blattes entstehen. Oft begleiten sie die Giruli im gleichen Raum oder sind deren Begleiterscheinungen auf anderen Blättern.

Später ist der Aufschlag nicht nur ein hastiges Berühren der Papierfläche, sondern an jedem Punkt hängt dann, nach unten gezogen, ein mehr oder weniger langer, häufig leicht abgerundeter Strich.

Dieses Wimmeln von senkrechten Strichen ist genau wie zuvor die Menge der Punktili das Ergebnis eines kaum gebändigten und derben Austobens der Hand.

Die Motorik verfeinert sich alsdann, und das Kind wird fähig, einen Strich von oben nach unten durch den Raum des Blattes zu treiben. Diese, aus der impulsiven Schar von Strichen hervorgewachsene Spur ist in gleichem Maße beglückend für das kleine Kind wie das Entstehenlassen der ersten runden Figur. Dass der erste Strich ein senkrechter ist hängt auch wieder mit der motorischen Entwicklung zusammen. Zum Ausführen eines solchen ist die Handhabung – wie schon in der vorangegangenen Entwicklungsstufe – eine nach vorn gerichtete Drehgebärde, gewissermaßen ein wuchtiges Streifen der Papierfläche und Zurückziehen der Hand. Seitwärts beansprucht das Hervorbringen einer Spur eine wahre Willenskraft. (Wer dies nachvollziehen möchte, tue es mit einer übertriebenen Gebärde; man wird den für den waagerechten Strich erhöhten Energieaufwand im Schultergelenk wahrnehmen.)

*Oben: Nach den ursprünglichen Punktili vermehren sich senkrechte Striche
Unten: Der senkrechte Strich*

Oben: Aus der Verbindung zweier Striche entsteht das Kreuz
Unten: Aus der Verbindung mehrerer Striche entsteht die Grätenfigur (Äthiopien)

In seinem natürlichen Fortschreiten gelangt das Kind später auch zu dieser Gebärde, und die dazu nötige motorische Entwicklung ist in seiner Formulation deutlich sichtbar.

Alsdann erscheint also der waagerechte Strich als eine neue, beglückende Bescherung. Und sofort hernach übt sich das Kind im Verbinden senkrechter und waagerechter Striche, als Erstes von zweien (u.a. entstehen ein Kreuz oder ein Winkel), später von einer größeren Anzahl; und auch dieses Spiel geschieht stufenweise. Es beginnt mit einem von mehreren Querstrichen durchzogenen längeren Strich, wodurch eine besonders wichtige Erstfigur entsteht: die *Grätenfigur*.

Bezeichnend für die Erstfiguren im Allgemeinen ist, dass sie in einem unbegrenzten und unbestimmten Raum leben und selbst weder waagerechte noch senkrechte Gebilde sind. Der Begriff von Liegen oder Stehen erscheint erst später im Ablauf der Formulation. Seine Abwesenheit trägt zur Unbeschwertheit des kleinen Kindes bei, das die vergnüglich aufgenommenen Figuren spielerisch unbekümmert im Raum verbreitet.

Im Formulationsspiel kommen zwei Grundprinzipien zusammen: das *Wiederholen* und die *Weiterentwicklung*, die hier nicht im Widerspruch stehen, sondern sich ergänzen. Was aus der spontan geschehenden Tat entsteht, ist nicht zufallsbedingt, sondern von einem bleibenden Verlangen hervorgerufen – zuerst zaghaft und im drängenden Laufe des Wiedergeschehens immer kraftvoller.

Den drei Vorfahren der Formulation, deren Entstehen ich beschrieben habe – die runde Figur, die Tropfenfigur und das Kreuz –, folgt eine zahlreiche Nachkommenschaft, die sich oft bis in den Raum der Bild-Dinge erstreckt. Ganz offensichtlich erscheint die runde Figur auch später in der Bildung des Hauses, des Menschen, des Baumes, der Blume usw. Sie erscheint dort in ihrer ursprünglichen Form, aber auch in den aus der runden Figur hervorgegangenen Gebilden des Vierecks, der Strahlenfigur und anderen.

In den ab S. 43 folgenden Schematafeln und Beispielen möchte ich mit den leider zu wenig beachteten Erstfiguren vertraut machen, die in ihrer überzeugenden Fülle und Mannigfaltigkeit eine entscheidende Entwicklungsperiode des Kindes beleben. Das Kind wiederholt die ihm entstandene beglückende Figur – in der Folge der Blätter wie auch im Raume jedes einzelnen Blattes. Wenn sich dann unzählige Figürchen aneinanderreihen und zu einer Wimmelmenge werden, ist nicht nur das Spiel mit der Erstfigur wesentlich, sondern auch ihre Vermehrung. Dabei sei daran erinnert, dass diese Vermehrung ebenso das Grundprinzip der Punktili ist. Neben dem Weiterentwicklungsdrang, der von den Punktili zu einem einzelnen Strich führt, besteht auch dieses »Wimmelwesen« der Punktili als ein unvergängliches Phänomen der Formulation weiter, in vermehrten Erstfiguren ebenso wie später in Scharen mancher Bild-Dinge.

Das kleine Kind spielt unbekümmert mit seinen Erstfiguren. Ihr Entstehen allein ist beglückend, ebenso wie ein Spiel schon darin bestehen kann, Holzklötzchen aufzureihen oder aufzuschichten, ohne weiteren Zweck als nur dieses Zusammenstellen. Erst beim größeren Kind kommt die Zweckdienlichkeit hinzu, und es geht ihm darum, einen Gegenstand herzustellen, ein Tor, ein Haus, die Randsteine eines Weges o. Ä.

Dem aufmerksamen Blick des kleinen Kindes fällt eine Ähnlichkeit mancher Dinge mit seinen gewohnten Erstfiguren auf. Das mag der am Körper hängende Schwanz einer Katze sein, der an den angehängten Strich einer Erstfigur erinnert. Und das gepflückte Gänseblümchen ist ihm ein vertrautes Gebilde, weil den Blumenblättchen ähnliche Strahlen lange zuvor im Formulationsspiel aus einer runden Figur herausgewachsen sind.

Aus diesem Vergleichen entsteht überhaupt die Lust, Dinge darzustellen und für ihre Gestaltung die entsprechenden, schon erprobten Figuren zu verwenden.

Der Blick des kleinen Kindes erfasst anfangs das Naheliegende und erweitert sich alsdann, sodass dem Kind ein immer größerer Raum vertraut wird. Im Erforschen und Erproben nimmt es die Welt auf und erfährt die Eigenschaften und die Möglichkeiten des Lebens, das Besondere aller Dinge.

Die Erfahrungen, die es dabei macht, regen zu Spielen mit allen möglichen aufgefundenen Materialien an. Aber am besten ist dafür die Formulation geeignet, weil mit den Erstfiguren und später den Bild-Dingen alle nötigen Requisiten für das Spiel schon bereitstehen und die damit erfolgende Inszenierung für jedes Kind uneingeschränkt befriedigend ist.

***

In der nun folgenden Darstellung der Formulationsabläufe habe ich eine gewisse Reihenfolge der auftretenden Figuren gewählt. Soweit sie keine Entwicklungsstufen verkörpern – wie in den anfänglichen Beispielen – bedeutet das jedoch nicht, dass die Erstfiguren in jedem Fall in dieser Anordnung erscheinen. Diese ist von Kind zu Kind verschieden, genau wie auch die Wichtigkeit einer jeden einzelnen und folglich die Anzahl ihrer Wiederholungen.

Die folgenden 40 Seiten verbildlichen das Entstehen, die Vermehrung und in manchen Fällen den Entwicklungsablauf der Erstfiguren. Seitlich jeweils: die schematische Darstellung des Geschehens; in der Mitte jeder Tafel: die entsprechenden Beispiele aus dem Malort und von ungeschulten Kindern in unserer Gesellschaft oder in entlegenen Gegenden anderer Erdteile.
Die Formulation hat zwei Anfänge: die Giruli und die Punktili. Die Seiten 43–75 zeigen jeweils links neben der Abbildung den Entwicklungsablauf ausgehend von den Giruli; rechts neben der Abbildung sind die jeweiligen Stufen der Evolution ausgehend von den Punktili zu sehen.
Die Seiten 76–77 zeigen die Evolution des Hauses, die Seiten 78–83 die Evolution des Menschen.

Giruli (Mitte: Guatemala)

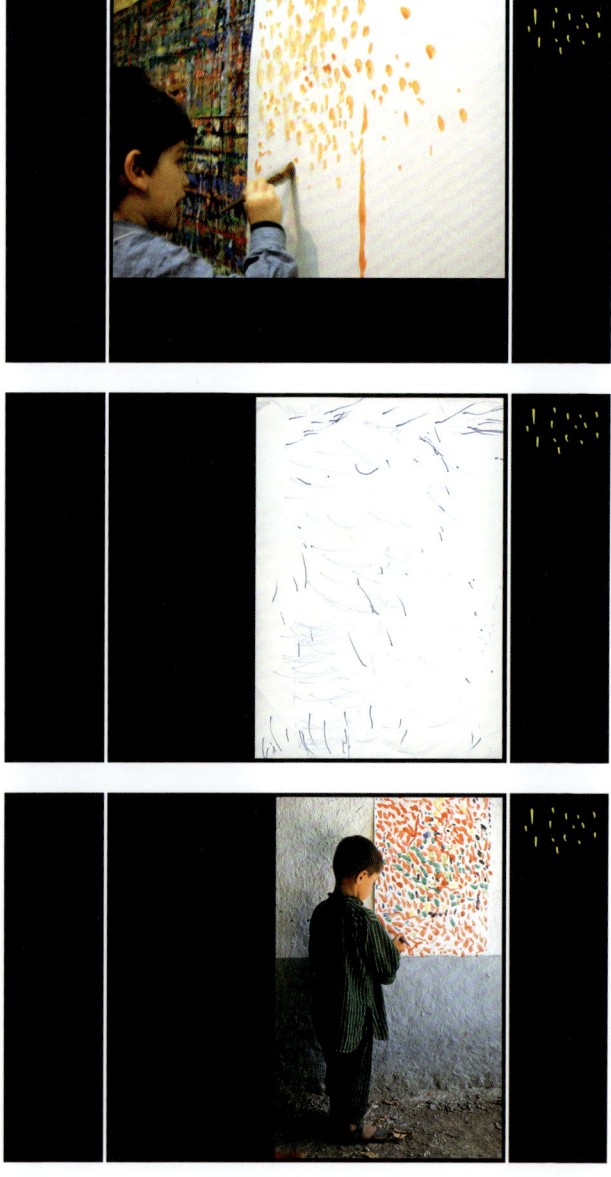

Punktili (unten: Afghanistan)

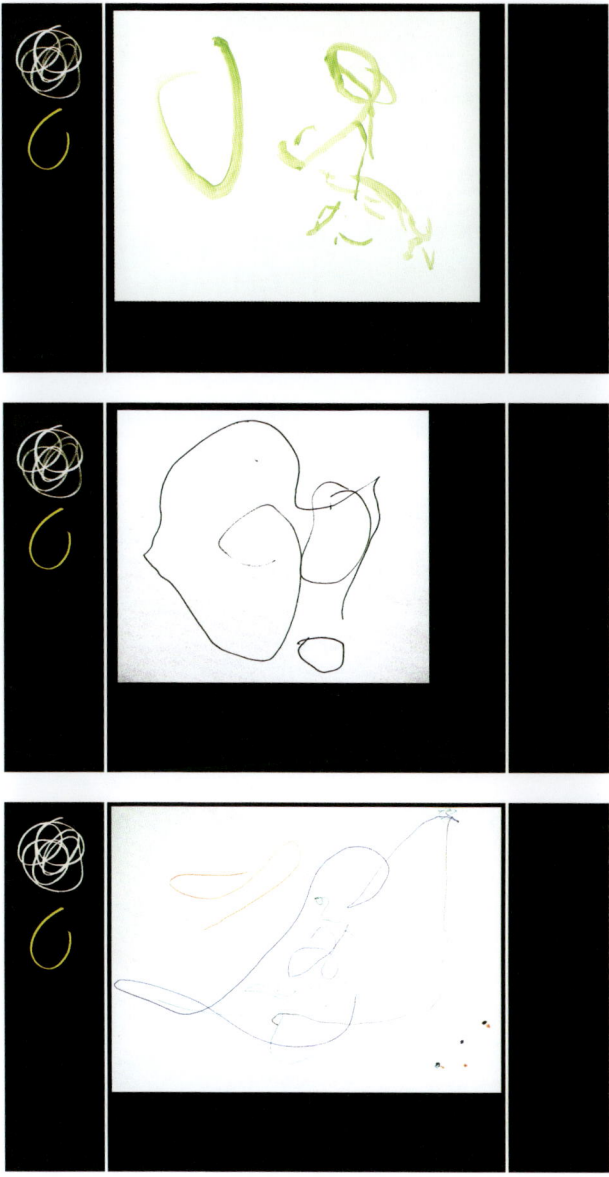

Abgerundete Spur

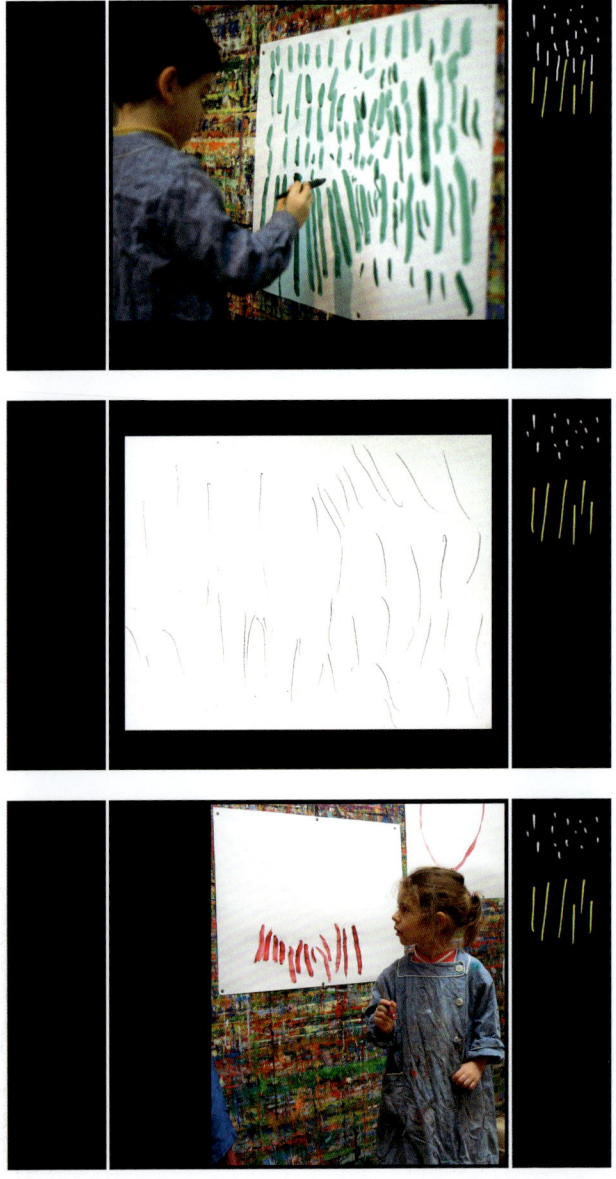

Menge von Strichen

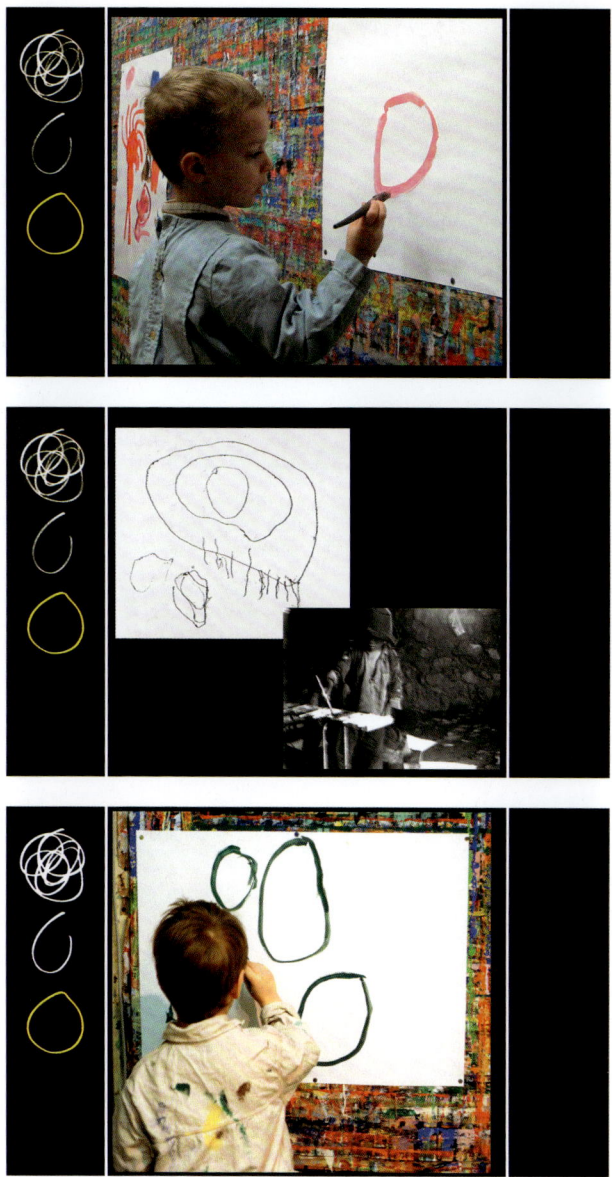

Die runde Figur

Die Weiterentwicklung der runden Figur zum Viereck

Der Menge von Strichen entwächst ein senkrechter Strich

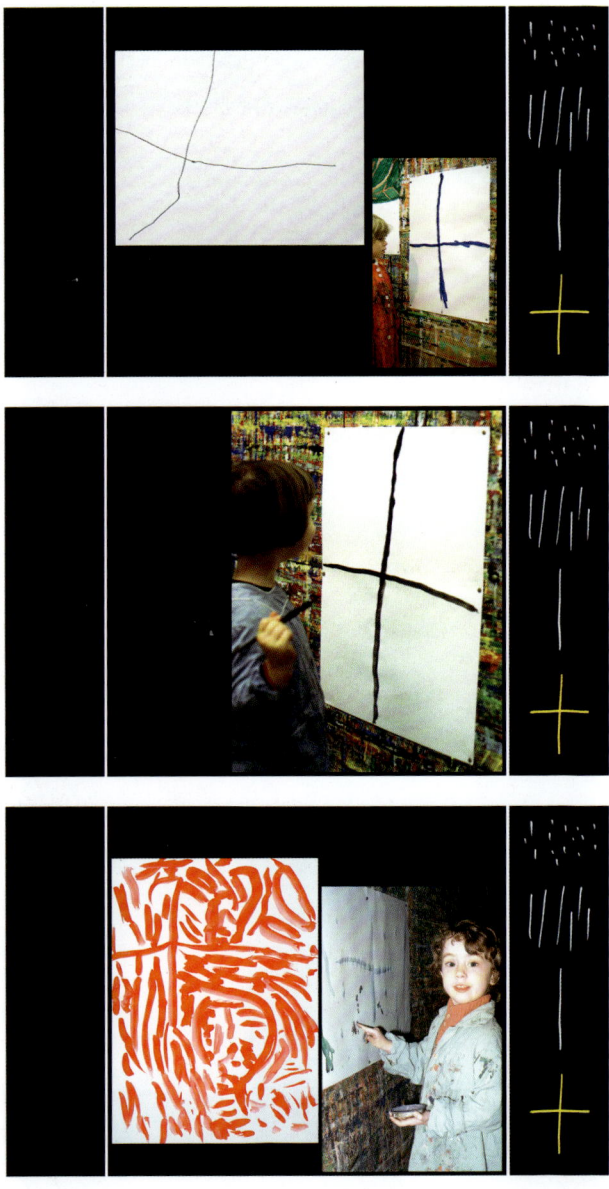

Verbindung von senkrechten und waagerechten Strichen: das Kreuz

*Verbindung von senkrechten und waagerechten Strichen:
der Winkel (oben: Anden, Peru)*

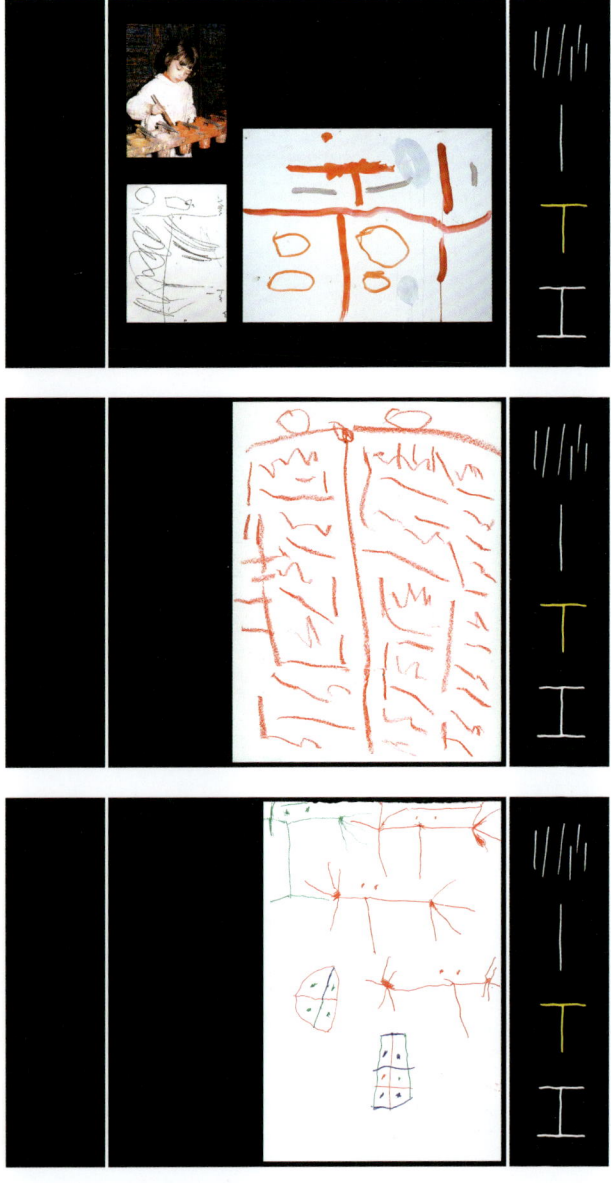

Weitere Verbindungen von senkrechten und waagerechten Strichen, woraus verschiedene Erstfiguren entstehen (unten: Mauretanien)

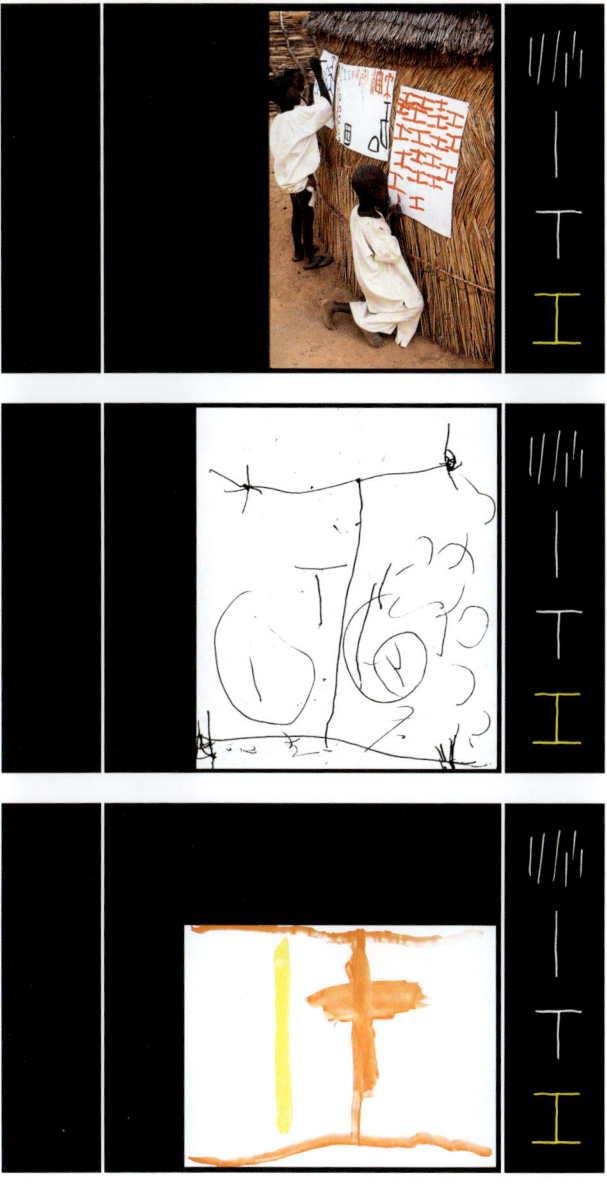

Weitere Verbindungen von senkrechten und waagerechten Strichen, woraus verschiedene Erstfiguren entstehen (oben: Pulo-Kinder, Niger; Mitte: Peru)

Die Strahlenfigur (Mitte: Äthiopien; unten: Urwald, Peru)

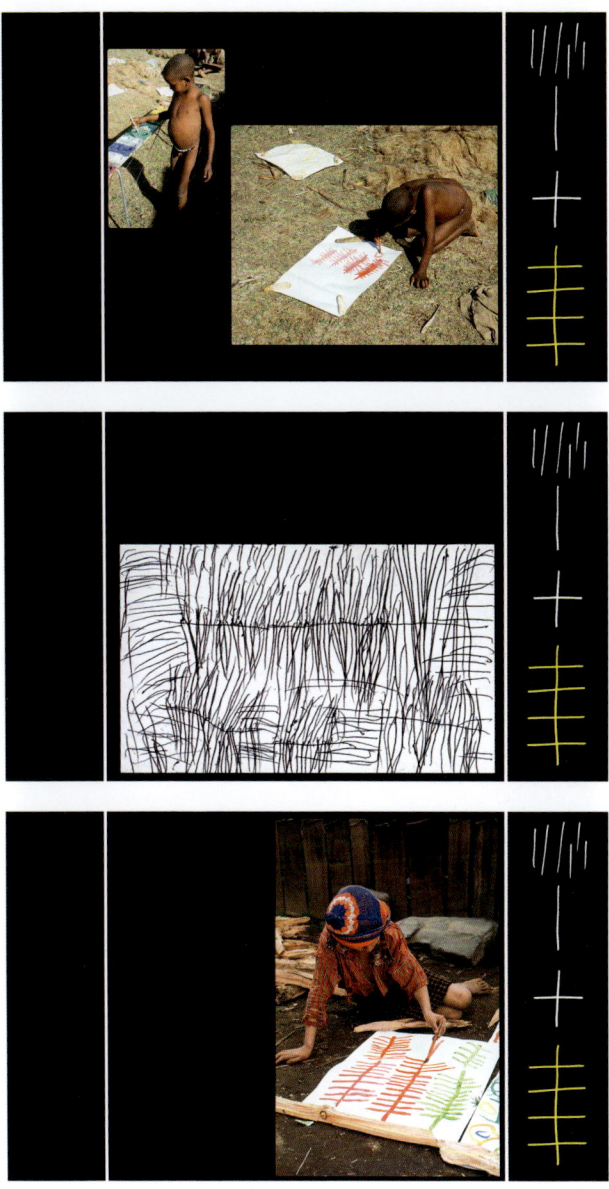

Die Grätenfigur (oben: Äthiopien; Mitte und unten: Guatemala)

*Nebeneinander von Strahlenfigur und Grätenfigur
(Mitte und unten: Urwald, Perú)*

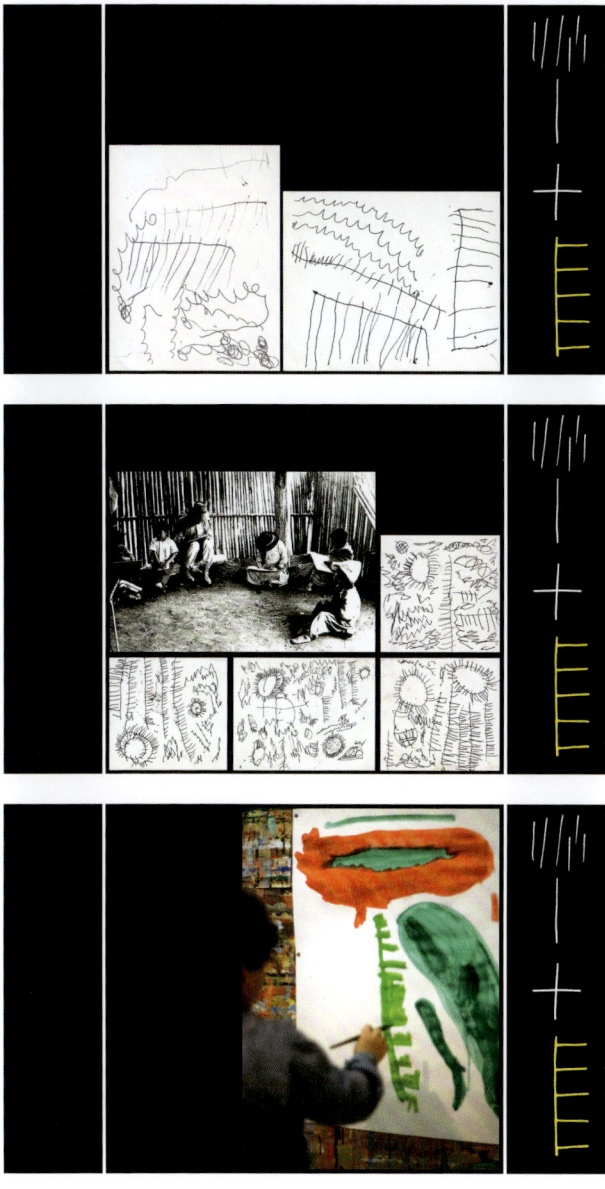

Die Kammfigur (oben: Afghanistan; Mitte: Urwald, Peru)

Die Leiterfigur (unten: Äthiopien)

DIE FORMULATION

Die runde Figur mit einem angesetzten Strich

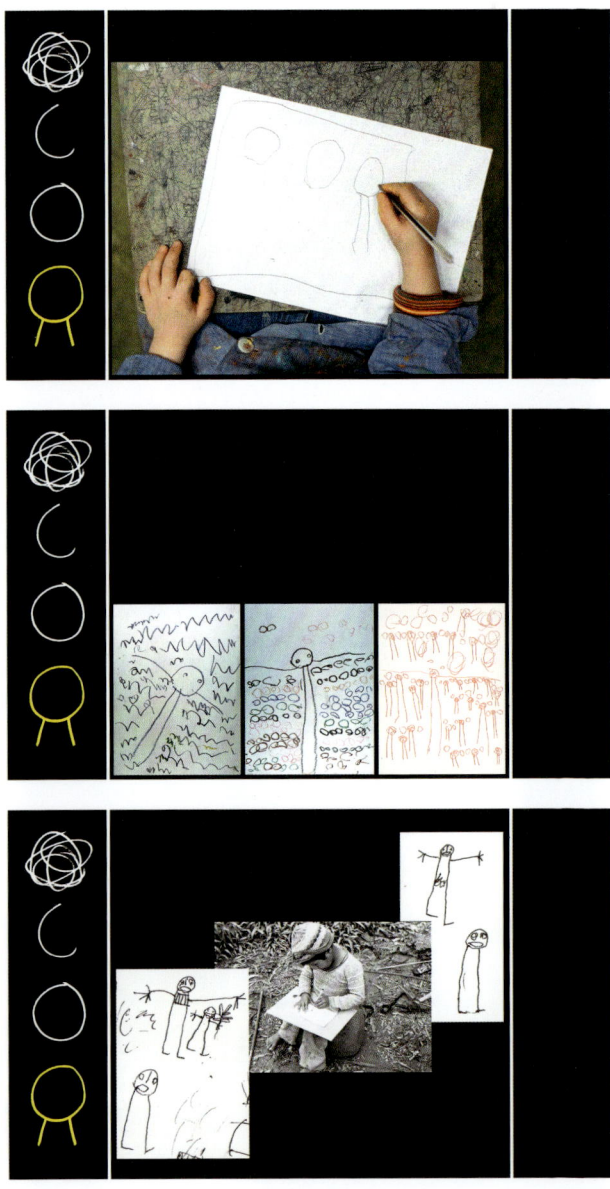

Die runde Figur mit zwei angesetzten Strichen (unten: Urwald, Peru)

DIE FORMULATION

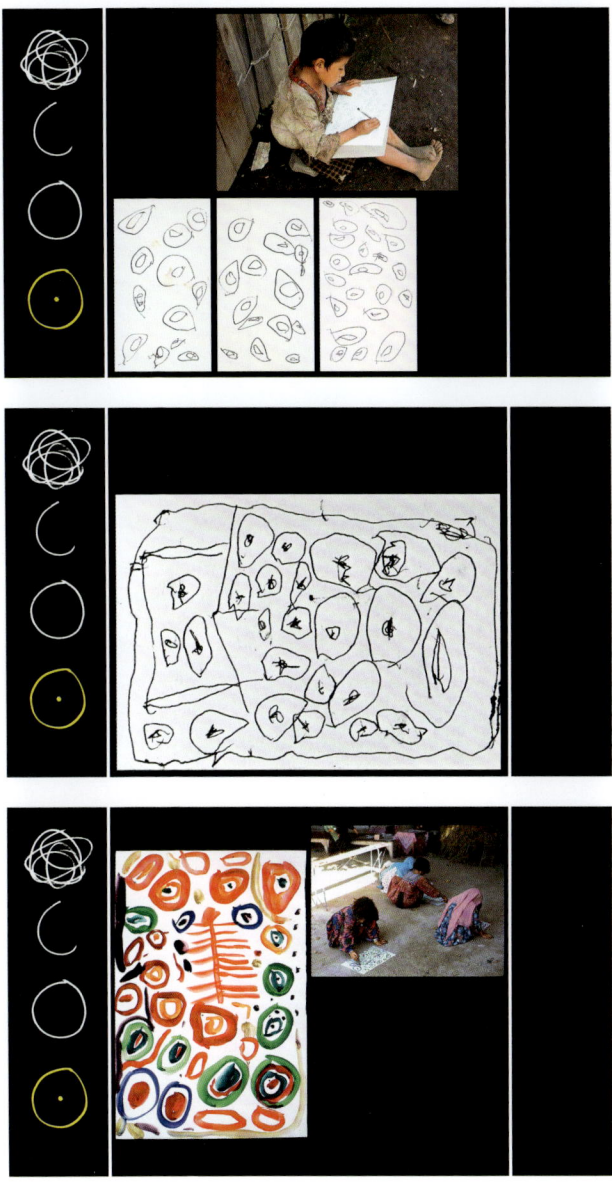

Die runde Figur mit einem Kern (oben: Guatemala; unten: Afghanistan)

Die Strahlenfigur mit einem Kern (oben: Peru; unten: Afghanistan)

DIE FORMULATION

Die runde Figur mit zwei Kernen

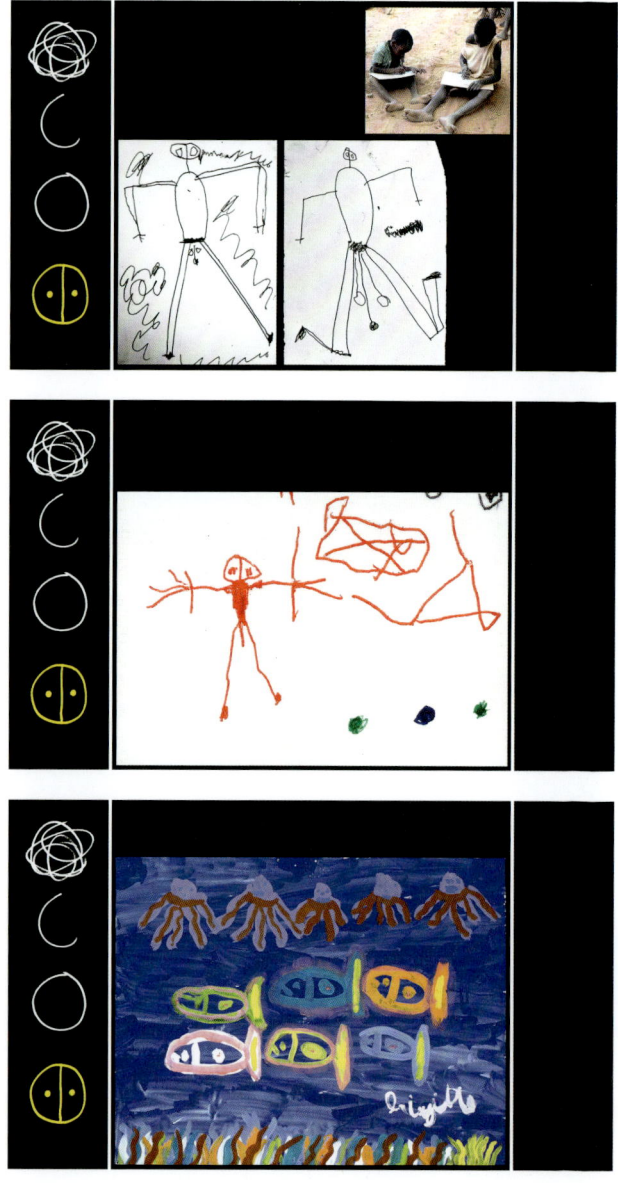

*Die runde Figur mit zwei Kernen und einem Trennungsstrich
(oben: Niger; Mitte: Afghanistan)*

DIE FORMULATION

Die runde Figur mit einem Kreuz und einem Kern in jedem Viertel (Mitte: Afghanistan)

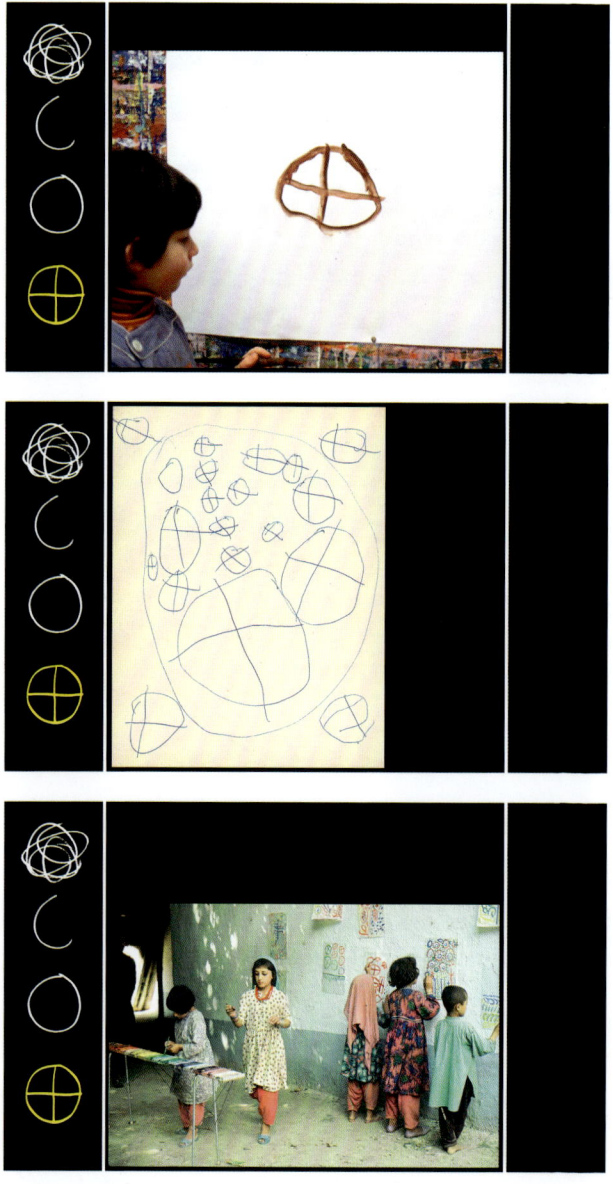

Die runde Figur mit einem Kreuz (unten: Afghanistan)

DIE FORMULATION

Die runde Figur als Behälter kleiner runder Figürchen
(oben: Pulo-Kind, Niger; unten: Afghanistan)

Die Strahlenfigur mit runden Figürchen am Ende der Strahlen (Afghanistan)

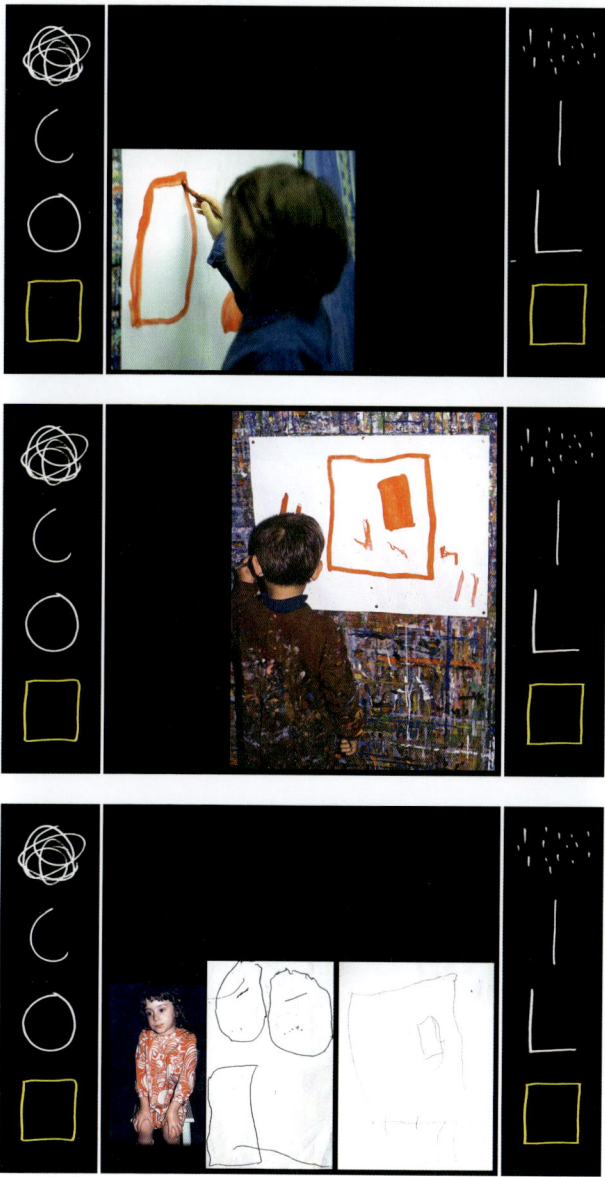

Das Viereck entsteht auf zwei Weisen: als winklig werdende runde Figur und aus der Zusammensetzung von vier Strichen

DIE FORMULATION

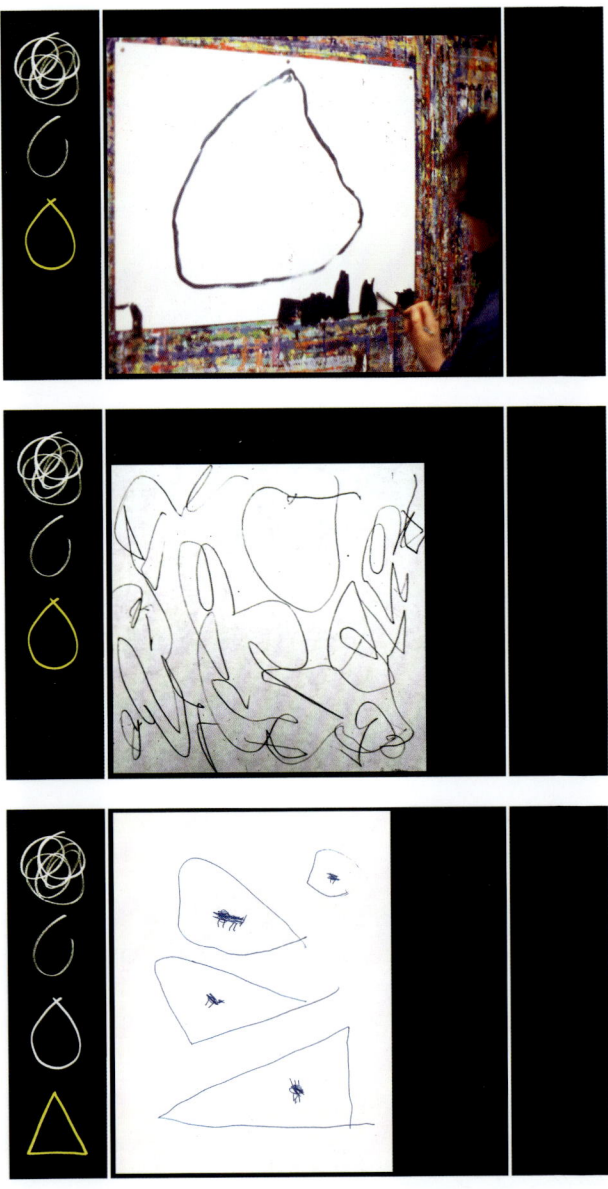

Die Tropfenfigur – Schwester der runden Figur

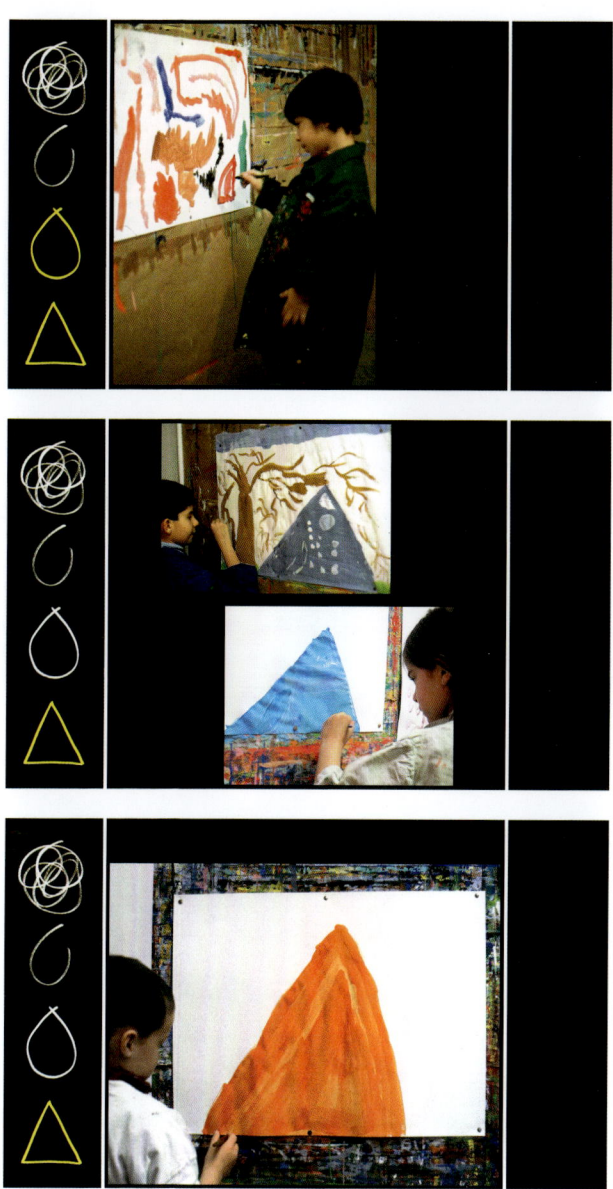

Weiterentwicklung der Tropfenfigur zum Dreieck

Die runde Figur in der Rolle eines Behälters

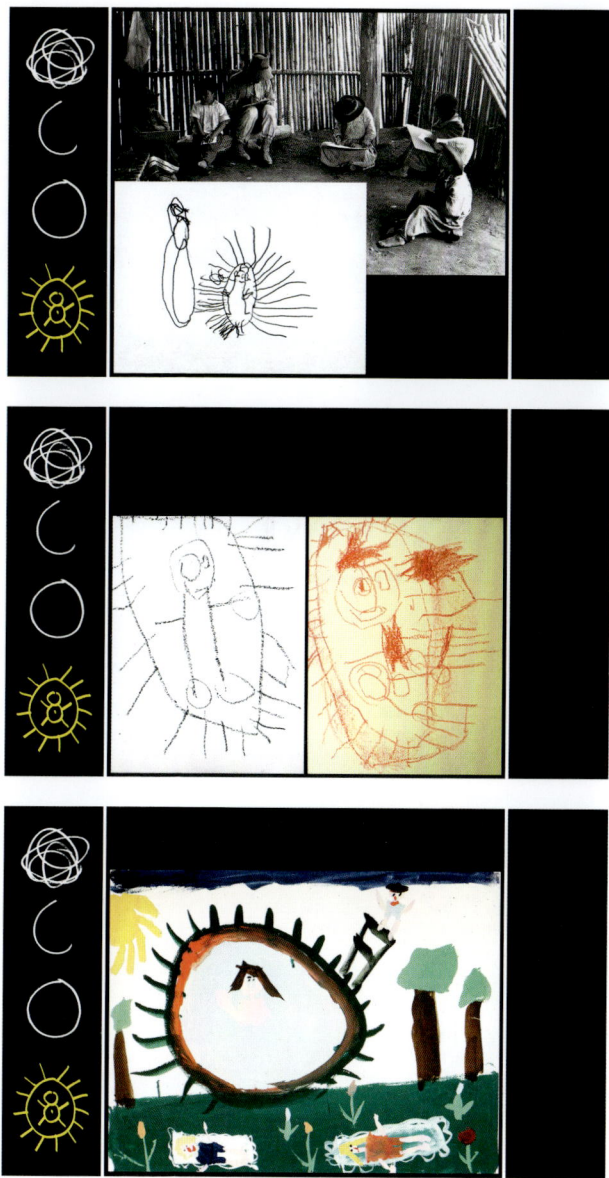

*Die Strahlenfigur in der Rolle eines Behälters
(oben: Urwald, Peru)*

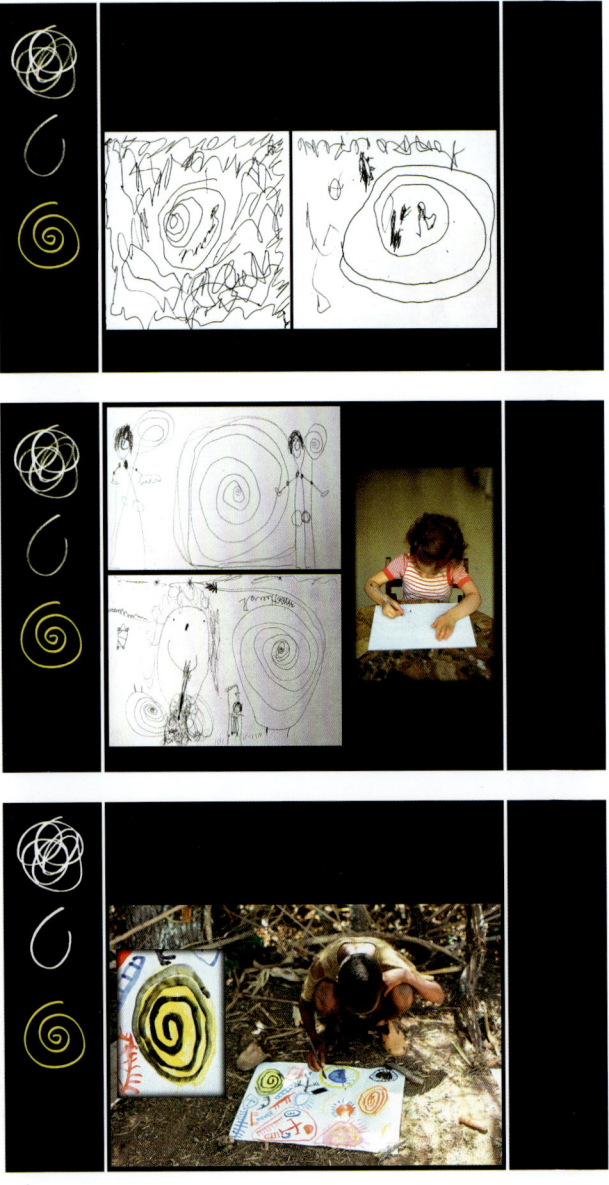

Die Einrollung
(oben: Anden, Peru; unten: Äthiopien)

DIE FORMULATION

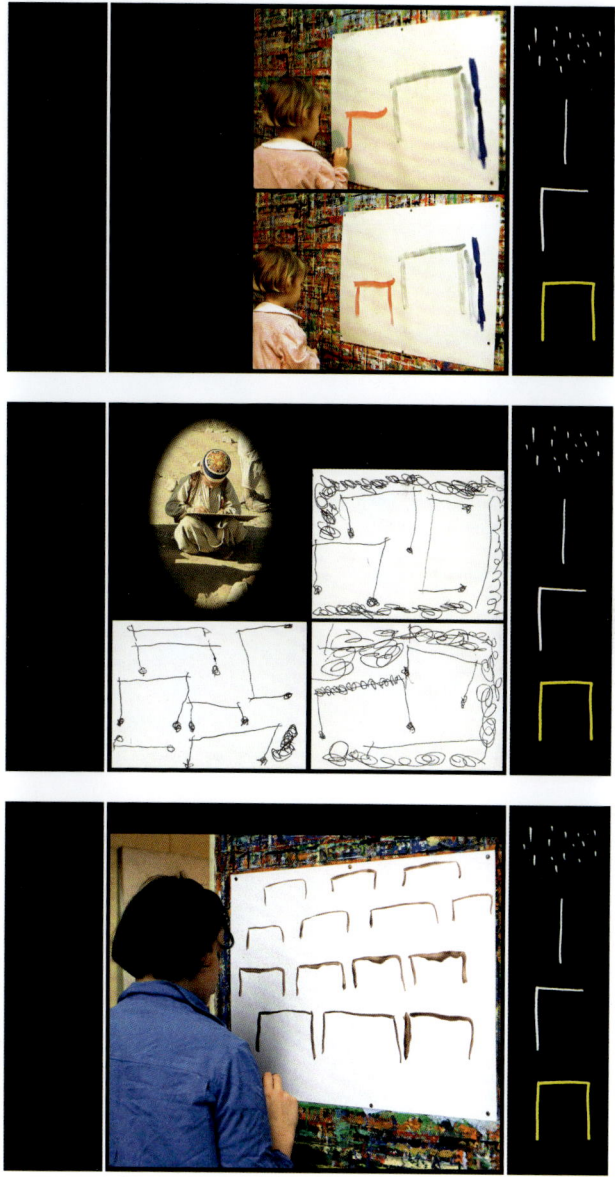

Die Verbindung von drei Strichen
(Mitte: Afghanistan)

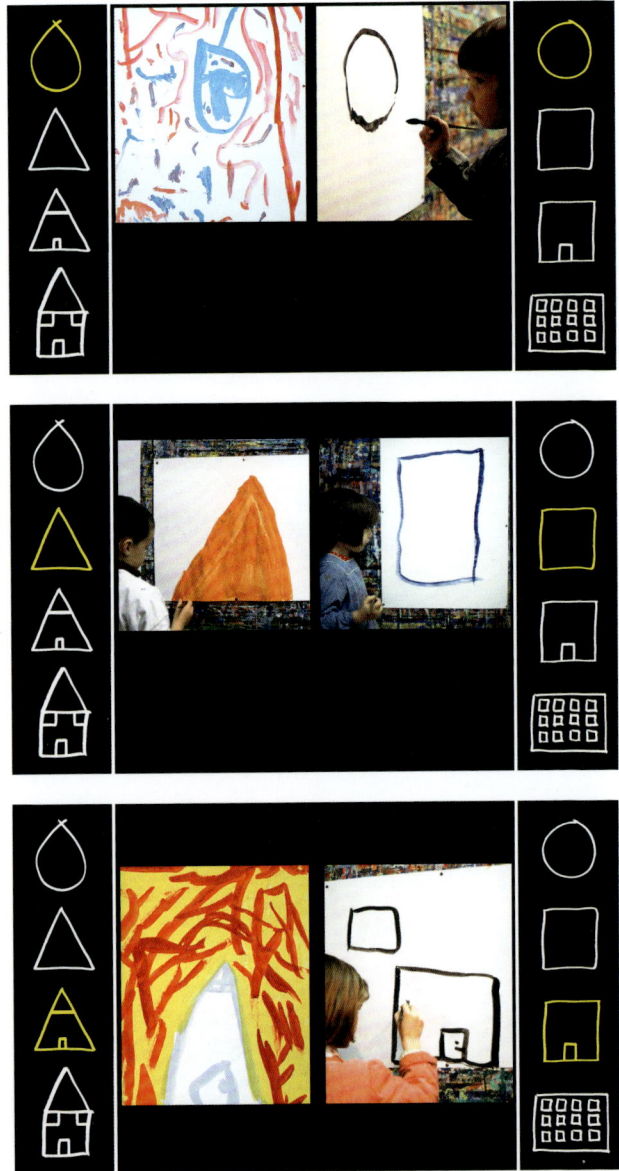

Der Übergang von den Erstfiguren zu den Bild-Dingen

Das HAUS entsteht aus den Entwicklungen, die von den Giruli und den Punktili ausgehen: nebeneinander Tropfenfigur und runde Figur (oben); nächste Stufe der Entwicklung: Dreieck und Viereck (Mitte); hernach dreieckiges und viereckiges Haus (unten)

Das typische Haus und das Raum-Haus (oben)
Die Verbindung der beiden Häusergattungen:
Das Raum-Haus nimmt das typische Haus auf (Mitte);
die beiden Häusergattungen rücken zueinander (unten)

Der MENSCH. Erste Gattung: die runde Figur (oben), der vier Glieder anwachsen (Mitte) und aus der später ein Leib herauswächst (unten)

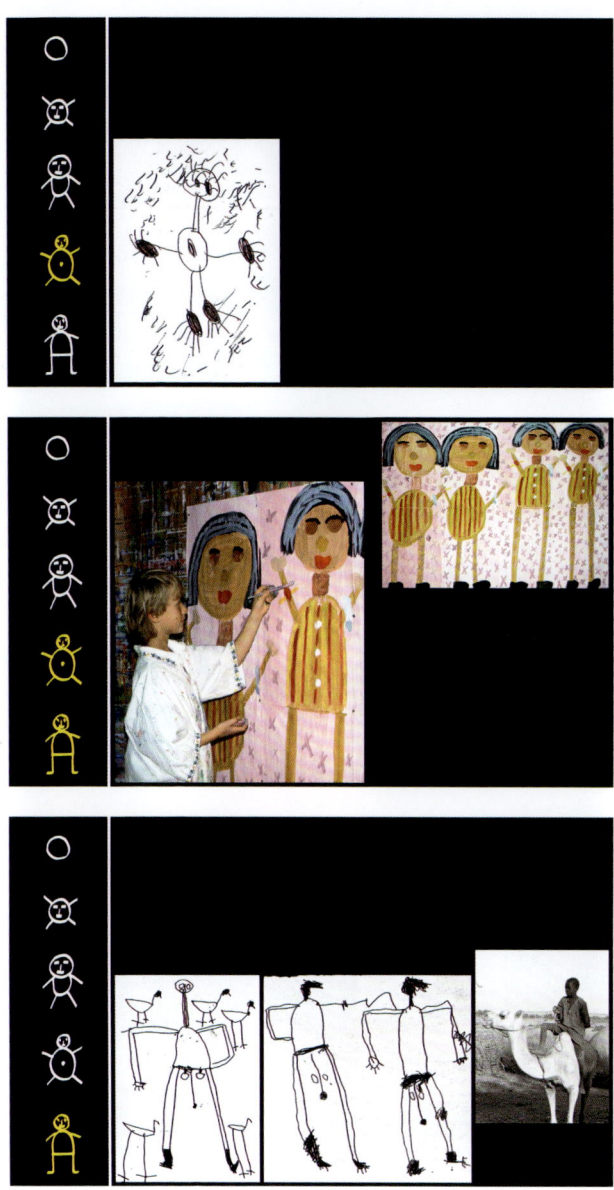

Als Nächstes ist der Körper vom Kopf getrennt, schließlich wird der zuvor runde Körper entschieden senkrecht, mit einem waagerechten Körperabschluss, als stehender Mensch (unten: Niger)

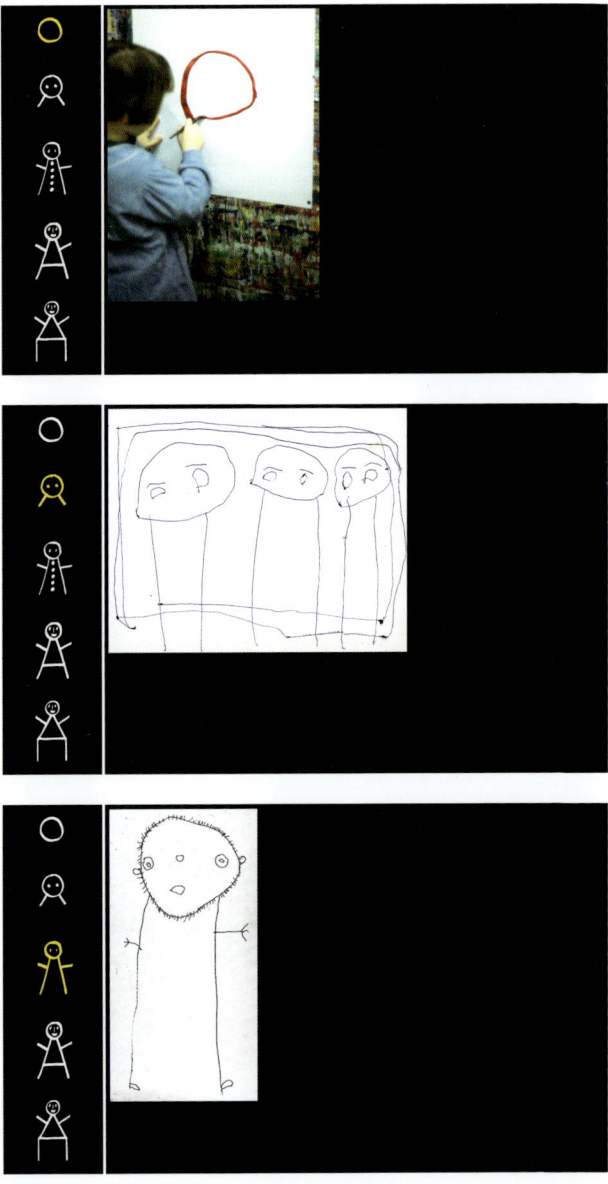

Die zweite Menschen-Gattung beginnt ebenfalls mit der runden Figur, aus der zwei mehr oder weniger lange Striche herauswachsen, gleichzeitig als seitliche Körperbegrenzungen und Beine, an die hernach zwei Arme angehängt werden (unten: Mauretanien)

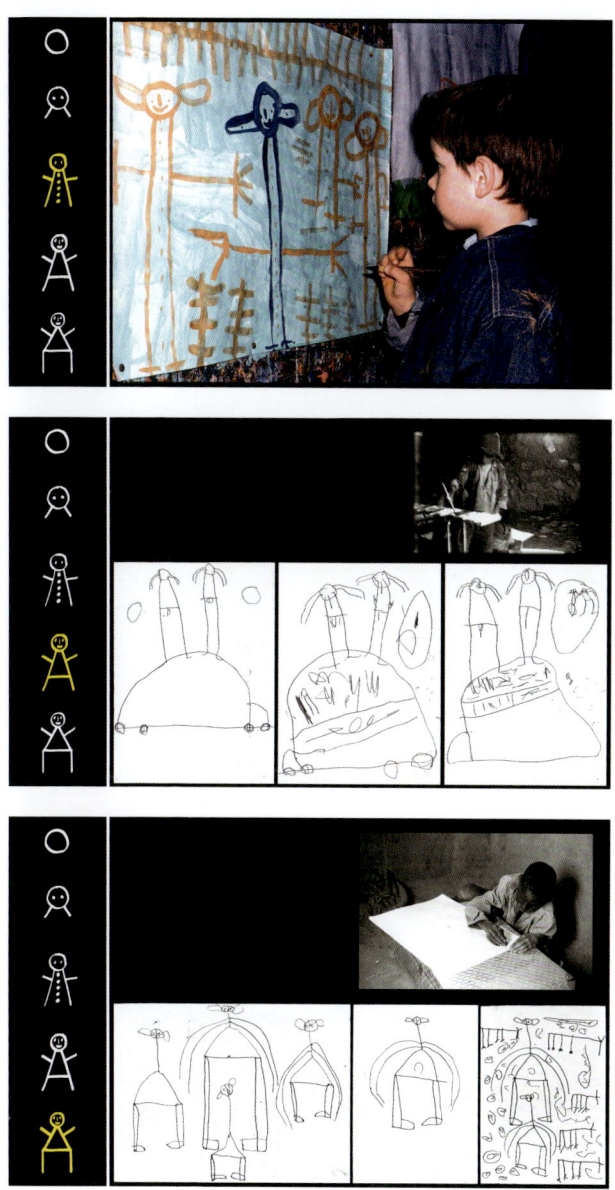

Zwischen den beiden Strichen entsteht eine Mittellinie; später kommt ein kleiner waagerechter Strich hinzu, der den Körper von den Beinen trennt (Mitte: Anden, Peru); schließlich stehen die Beine senkrecht unter einem dreieckigen Körper (unten: Niger)

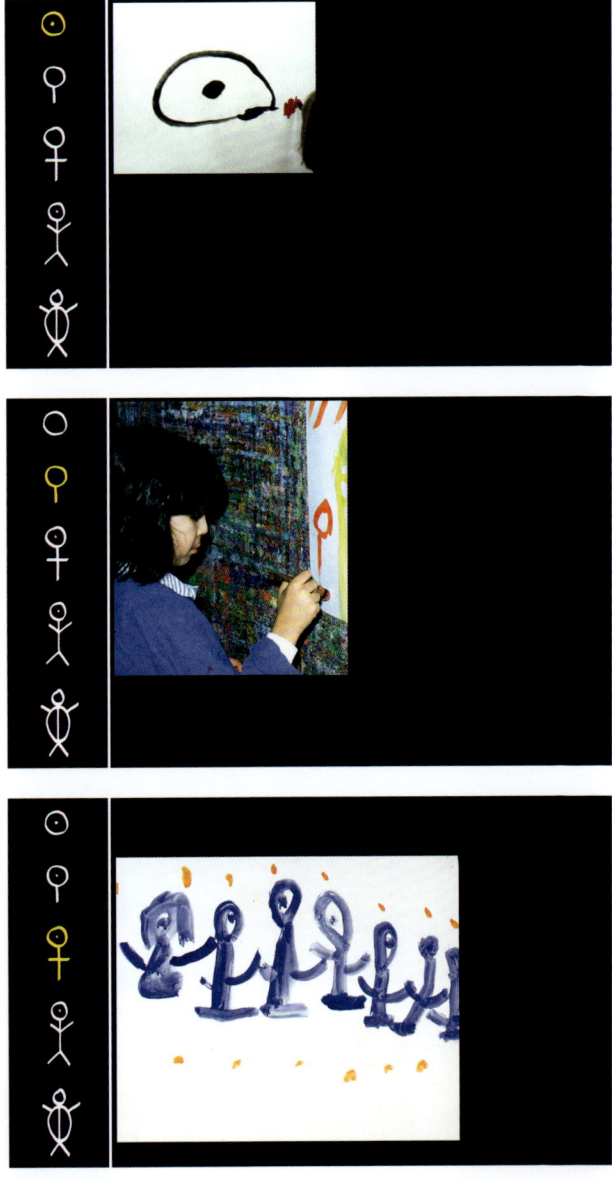

Die dritte Menschen-Gattung beginnt mit der runden Figur, die einen Kern enthält; aus ihr wächst ein Strich hervor, dann durchquert ihn ein Strich – oder es sind zwei Striche als Arme angesetzt, die nach oben oder unten gerichtet oder waagerecht sein können

Später wachsen am unteren Ende zwei Beine aus dem Strich heraus (oben: Äthiopien); schließlich dehnt sich der Körper zu einer ovalen Form; in seiner Mittellinie bleibt der ursprüngliche Strich des Körpers bestehen, während die Beine ganz unten angehängt sind

Ich werde in diesem Buch von der Formulation in ihrer Gesamtheit berichten, so wie sie nur im Malort geschehen kann. Aber auch wenn Sie nicht einen solchen fördernden Rahmen schaffen können, kommt Ihnen Zweierlei zu. Als erste Pflicht, nichts zu tun, was die Äußerung behindert, und dann noch etwas überaus Wichtiges: Sie können mit sehr wenig Aufwand die Anfänge der Formulation ermöglichen; und wenn Sie es tun, haben Sie Wesentliches getan. Zur Durchführung benötigen Sie nur Kugelschreiber und weißes Papier – gewöhnliches Schreibpapier A4.

Absolut entscheidend jedoch ist dabei die Einstellung des Erwachsenen. Seine aus der Kenntnis der Formulation entstandene Überzeugung bestimmt sein Verhalten, bei dem ein ungeschicktes Eingreifen schädlich ist, das Vorurteile, Staunen und aufdringliche Neugierde ausschließt und deshalb förderlich ist.

Und noch etwas darf in der Praxis nicht fehlen: Richten Sie ein Fach ein, in dem alle Blätter mit den kostbaren Spuren aufbewahrt werden, denn kein einziges ist wertlos im Rahmen des Gesamtgeschehens. Das sorgfältige Aufbewahren ist eine Ermutigung für jedes Kind, ein Beweis dafür, dass seine Tätigkeit ernst genommen wird. Und es ist vor allem auch die Versicherung, dass niemand, kein Mitschüler, kein Besucher, kein Angehöriger des Kindes, mit seinem gut gemeinten Unwissen die vertrauensvoll entstandene Spur veruntreut.

Was ich hier auf den Schematafeln gezeigt habe, wird sich unweigerlich vor Ihren Augen abspielen; vielleicht nicht auf Anhieb, denn viele beigebrachte Ungetüme, die zuerst überwunden werden müssen, belasten schon den Geist der kleinsten Kinder.

Hernach kommt alles wieder, und es ist Ihnen, als reinigten Sie einen dürren Boden von schädlichen Chemikalien und dank Ihres hingebenden Bemühens belebe er sich wieder.

Die Formulation setzt sich aus 70 Bestandteilen zusammen, von denen Sie eine beträchtliche Anzahl kennen gelernt haben. Wenn Sie beabsichtigen, das hier Erfahrene in die Praxis umzusetzen, werden

Sie das Entstehen von diesem oder jenem dieser Gebilde erleben und werden es auch richtig zu verstehen wissen. Ich wünsche Ihnen viele solcher Begegnungen.

Und wenn das immer wieder geschieht, wird es Ihre Überzeugung bekräftigen. Auch diese Überzeugung wünsche ich Ihnen, mit der Sie vieles in Ihrem Leben verändern werden. Diese Veränderung hat schwerwiegende Folgen, sie ist der Anfang einer neuen Gesellschaftsordnung. Sie ermessen daran die Tragweite Ihrer Aufgabe.

Es geht nicht um die Abänderung von einem Unterrichtsprogramm oder um die Verbesserung veralteter Methoden. Es geht um die Einstellung dem Anderen gegenüber, sei es ein kleines Kind, ein Erwachsener, ein sogenannter Behinderter oder ein als begabt geltender Mensch.

Sie haben in ihm unerprobte Fähigkeiten geweckt, derer er sich bewusst wird. Dieses Bewusstsein ist wohltuend und kann sogar heilsam sein. Ich bedenke wohl, dass es außerhalb des Malortes nicht in vollem Maße geschehen kann, aber der Versuch lohnt sich auch mit beschränkten Mitteln.

***

Weil Autismus aktuell ist, kommen immer wieder Eltern zu mir, die vom Malspiel erwarten, es helfe ihrem Kind, seine Anpassungsschwierigkeiten zu überwinden. Und wenn dann das Kind im Malort ist, weiß ich – wie bei allen Malspielenden – nicht, woher er kommt, und ich stelle keine Verbindung her zwischen diesem Kind und der Schilderung der Eltern. Wie jedes andere nimmt es sich ein Blatt und trägt es zur Wand, wo ich es befestige, und es macht das Einzige hier mögliche: Es geht zum Palettentisch und damit hat das Spiel begonnen, inmitten der anderen, die sich seit mehr oder weniger langer Zeit im Malort eingelebt haben. Die Verbindung mit ihnen entsteht während des Spieles, weil man vielleicht einen Schemel austauscht, den der eine entbehren kann, während er dem anderen gerade nützlich ist. Oder weil beim Eintauchen des Pinsels eine andere Person zum gleichen Farbnäpfchen geht, und der eine wartet, bis der andere sich zurückzieht. Anfangs weiß der Neuankömmling noch nicht, dass man hier die Reißnägel, die das Blatt an der Wand befestigen, versetzen lassen kann, aber bald ruft auch er »Reißnagel!« und stellt damit eine Verbindung mit mir her, jedes Mal wieder, während der kommenden Malstunden.

Die Verbindung muss gar nicht verbal sein. Viel Unausgesprochenes gehört dem Malspiel an. Eine bezeichnende Begebenheit illustriert, wie wichtig das Spiel mit den Reißnägeln ist, in unserer Verbindung, ganz besonders im Fall von Mutismus. Ein verschlossener kleiner Junge hatte ein Blatt an der Wand hängen, wo es mit den üblichen sechs Reißnägeln befestigt war. Er begann damit, einen Streifen an den oberen Rand zu malen, ich entfernte den Reißnagel aus der einen Ecke und er ergänzte seine Spur. Als er in der zweiten Ecke ankam, hielt er inne, ich trat zu ihm, zog den Reißnagel aus dem Blatt, und er konnte dorthin seinen Strich verlängern. Dann bog er nach unten ab und wartete auf mein Eingreifen. So ging es weiter. Jedes Mal lächelte er mir zu, wir haben kein Wort für unsere Verständigung gebraucht, aber er genoss das Verbundensein und bekundete das mit seinem Lächeln.

Jedes Kind, wenn es ernst genommen wird, entwickelt ungeahnte Fähigkeiten. Riesengroße Personen mit reich verzierten Kleidern in sicherer Ausführung zeugen bei einem mir als verhaltensgestört vorgestellten Mädchen von einem ungehemmten Erleben dessen, was sie beschäftigt. Und weil sie all das uneingeschränkt im Malspiel erleben konnte, ist sie ein liebevoller Partner für alle in der Gruppe, mit denen sie allwöchentlich im Malort zusammenkommt.

Oft werde ich gefragt, ob ich Erfahrung mit Behinderten habe. Darauf antworte ich: »Ja, natürlich, in den Malort kommen sehr viele Schulkinder.« So war die Frage nicht gemeint. Meine Antwort wird meistens als ein Scherz aufgefasst. Aber es stimmt, dass kunsterzogene

Kinder um ihre spontane Äußerungsgabe gebracht worden sind und zuerst diese Behinderung überwinden müssen, um die Fähigkeit zur natürlichen Formulation zurückzugewinnen.

Kinder sind mir als autistisch vorgestellt worden – mag sein, dass sie in der Schule Anpassungsschwierigkeiten haben. Das heißt, dass das Lehrsystem ihnen nicht angepasst ist. Das Malspiel mit seiner strengen Struktur und der gebotenen Freiheit und Unabhängigkeit der Äußerung fällt jedem leicht. Viele Sorgen bereitende Probleme verschwinden aus dem Leben mit der Abschaffung des Normensystems. In der Formulation erscheint jeder Mensch in seinem wahren Ausmaß und entgeht jeglicher Beurteilung.

Das Malspiel unterscheidet sich ganz grundsätzlich von einem therapeutischen Angebot. Der Malspielende ergibt sich einem unbefristeten Spiel, das nicht einem versprochenen Ziel entgegentreibt und von dem er auch nichts erwartet. Der Malort ist ein Raum der Geborgenheit, nicht aber ein Zufluchtsort, in den man sich zurückzieht.

Weil das doch ein übliches Verhalten ist und überall geschieht, ganz besonders zu Hause, glaubt man es mir kaum, dass die Kinder im Malort mich nie rufen, damit ich ihr Bild betrachte. Aber diese schlechte Angewohnheit ist die Folge des Verhaltens der Erwachsenen, die glauben, das Kind wolle ihnen mit seiner Zeichnung etwas mitteilen und erwarte dafür eine Begutachtung. In dieser Rolle der vermeintlichen Überlegenheit fühlt sich der Erwachsene wohl, und er ist schwer von diesem trügerischen Privileg abzubringen.

Der gutgläubige Erwachsene teilt leider die verbreitete Ansicht, die bildnerische Äußerung sei – so wie das vom Künstler erarbeitete Werk – dem Betrachter zugeeignet.

Zu dieser irrtümlichen Einstellung tragen noch viele andere Behauptungen bei: dass das Kind nicht alles mit Worten mitteilen könne und es deshalb das Lückenhafte in seiner Sprache mit Bildern ergänze. Oder auch, dass in seinem Unbewussten Angesammeltes, das sich in seinen Darstellungen verstecke, vom Erwachsenen aufgenommen und gedeutet werden könne.

Oft werde ich von Eltern und auch von Berufserziehern gefragt, wie sie auf den Wunsch des Kindes eingehen sollen, das ihnen seine Zeichnung vorstellt. Es erwarte doch eine Begutachtung und wäre entmutigt, wenn man es zurückwiese.

Zweifellos würde ein solches Verhalten vom Kind als Gleichgültigkeit aufgefasst und hätte negative Folgen. Das Spiel mit der Spur muss von vornherein unter anderen Umständen geschehen, die ein Nachher ausschließen.

Praktisch heißt das, dass der Erwachsene diesem Spiel beiwohnt, anstatt nachträglich dem Erzeugnis zu begegnen.

Meine Kinder hatten die Gewohnheit, jeden Tag mit diesem Spiel zu beginnen. Es geschah auch immer am gleichen Ort zu Hause. Kinder brauchen Rituale. Jemand von uns – meine Frau oder ich – stand neben dem Kind, gab ihm den Bogen Papier und nachdem das Kind seine Spur darin eingetragen hatte, wurde er gegen einen neuen ausgetauscht. Am Ende, wenn das Kind von diesem Spiel ermüdet war, wurden alle Blätter auf der Rückseite mit dem Datum versehen und in ein dazu eingerichtetes Fach gelegt.

Das Kind erwartet gar nichts anderes als diese zustimmende Gegenwart; und für den Erwachsenen ist es ein erfrischender Moment im Leben, Zeuge dieses begeisternden Erlebens des Kindes zu sein.

3
URSPRUNG UND ENTWICKLUNG DER FORMULATION

Die Formulation umfasst das ganze Leben. Sie beginnt in den frühen Kindheitsjahren und begleitet den Menschen in seiner Weiterentwicklung.

Wer es sich noch nicht so ganz vorstellen kann oder etwas Gegenteiliges glaubt, möge in den Malort kommen und erfahren, wie viele Große jeder Malgruppe angehören – 20-Jährige, 50-Jährige und noch Ältere, im Malspiel Großgewordene, die im Laufe vieler Jahre alle Phasen der Formulation erlebt haben, sowie Spätbeginner, denen das Spiel in der Kindheit fehlte und in denen die Formulation erst später geweckt worden ist. Oder er könnte das Malspiel auch selbst erproben und erfahren, dass man jederzeit – auch im Erwachsenenalter – damit beginnen kann, dass die Quelle nur ruht und gar nicht versiegt ist und dass die Spielfähigkeit, in diesem fördernden Rahmen, beim großen Menschen nicht geringer ist als beim kleinen.

Ob fünf oder fünfzig Jahre die Äußerung von ihrer Quelle trennen, spielt keine Rolle, sie geschieht in jedem Fall mit den ihr eigenen Gebilden. Unterschiedlich sind die Anregungen und die motivierenden Beschäftigungen aus dem Alltag.

Das Kind erprobt die Welt, und das Erfahrene wird zum Gegenstand seiner Inszenierung im Raume des Blattes. Die Kindheit ist ein ständiges Erproben und Entdecken, ist Erstaunen und Begeistertsein. Aus unaufhörlichen Begegnungen entstehen endlose Spiele, und am besten geeignet für diese Übernahme ist das Malspiel. Denn als seien seine Entdeckungen voraussehbar gewesen, stehen dem Kind die zu ihrem Nacherleben nötigen Bild-Dinge bereit und es kann beliebig zugreifen und sie verwenden.

Nicht allen Kindern ist die Formulation in dem vollen Ausmaße gewährt worden wie meinen Kindern und meinen Nichten, die nie belehrt wurden und die sich ihren Veranlagungen entsprechend entwickeln konnten. All das Wertvolle, das in Güte und Anerkennung gedeiht, prägt ihre Persönlichkeit und offenbart sich in ihrer Formulation.

Der Mehrzahl der Kinder auf der Welt bleibt das Spiel mit der Spur unbekannt. Einigen ist es vorübergehend gewährt, kleinen oder größeren Kindern, die es irgendwann im Malort erleben; dann sind es großartige Momente in ihrem Leben, in denen sie eine wichtige Begegnung machen, an die sie später mit Rührung zurückdenken werden. Wenn sie das Malspiel nicht nur ein Jahr lang erleben, sondern wenn es sie lange begleitet, über die Jahre der Kindheit hinaus, und sie dabei ihre wichtigsten Beschäftigungen im bildhaften Erleben verwirklichen, dann nimmt die Formulation eine bestimmende Rolle in ihrem Leben ein.

Der Gesamtablauf der Formulation geschieht über drei Zeitabschnitte. Die Jahre der Erstfiguren, denen die lange Zeit der Bild-Dinge und Trazate folgt, und schließlich die Periode der Hauptfiguren.

Sie fragen wohl, was das Wort Trazat bedeutet. Es bezeichnet etwas ganz Bestimmtes, aber zunächst können Sie dafür als annäherndes Ersatzwort »Gebilde« verwenden. Auch wenn das nur ungefähr stimmt, denn wozu hätte ich sonst ein neues Wort erdenken müssen?

Ich habe den Übergang von den Erstfiguren zu gewissen Bild-Dingen schon zuvor gezeigt – man denke an die Entwicklung, die von der Tropfenfigur über das Dreieck zum typischen Haus führt, und auch an die Entwicklung der runden Figur, die zur menschlichen Figur werden kann.

Alles was in der Formulation einmal entstanden ist, bleibt darin bestehen oder erscheint wieder. Alle Erstfiguren drängen sich auch der Hand des größeren Kindes auf, sind aber dann in ein Bild-Ding eingekleidet, das aus der Absicht entsteht, etwas darzustellen. Die Äußerung ist dadurch mehrschichtig, denn die eingekleidete Erstfigur hat sich gewissermaßen in diese Hülle eingeschlichen, für das Kind unmerklich, aber aus der Tiefe seines Wesens, gleichermaßen unbeabsichtigt und beglückend.

In all den Jahren des Erprobens und Erforschens ist die Formulation das Spiel, in dem Vernunft und Absichtslosigkeit sich ergänzen. Manchmal steht das Beabsichtigte im Vordergrund und dann wieder das andere, Unkontrollierte – das sich als Trazat aufdrängt, die Spur zum unbedachten Gebilde treibt.

Die Formulation ist also mehrschichtig harmonisch wie eine mehrstimmige Musik; und dieses Gleichgewicht bleibt lange bestehen.

Die typischen Bild-Dinge verändern sich: Einige folgen einem programmierten Entwicklungsablauf, andere sind verschiedenartig gestaltet, und doch in einer jeder ihrer Gestaltungen typisch.

Dass die Bild-Dinge in ihrer Gestaltung typisch sind schließt nicht aus, dass sie sich der Absicht, etwas ganz Bestimmtes darzustellen, anpassen. Typisch gestaltete Menschen können in ihrer unveränderten Anlage allein durch ihre Stellung in der Inszenierung oder durch eine kleine Zugabe in Form eines bezeichnenden Gegenstandes einer gewissen Handlung angepasst sein.

Menschen – in Bewegung und in Profilansicht dargestellt

Auch kommt es vor, dass sie einer Bewegung entsprechend umgestaltet sind, mit einem abgebogenen Arm oder einem gebeugten Leib. Später sind Menschen auch in Seitenansicht dargestellt, was anfangs jedoch nicht unbedingt alle Bestandteile des Körpers betrifft.

Alle Bestandteile der Formulation stehen jedem Menschen zur Verfügung, und ein jeder macht davon gegebenenfalls Gebrauch. Nur ist die Dringlichkeit eines Gebildes von einer Person zur anderen unterschiedlich, was mit ihrer individuellen Entstehungsgeschichte zusammenhängt.

Jedes Kind lässt runde Figuren, Kreuze, Behälter, Trichter, Bogengebilde usw. entstehen. Bei einem kommt der Behälter in vielen Bildern vor, während sich ihm der Bogen nur gelegentlich aufdrängt. Ein anderes Kind hingegen lässt immer wieder den Bogen entstehen oder vielleicht eine runde Figur mit einem daran angesetzten Strich – dafür aber geschieht bei ihm der Behälter oder der Trichter seltener.

Manchen Bestandteilen der Formulation allerdings sind ganz allgemein Hauptrollen zugeteilt. Erwähnt seien diesbezüglich die Strahlenfigur, das Haus, die obere und untere Raumbegrenzung wie auch – in der Periode, die den typisch gestalteten Bild-Dingen folgt – große Menschendarstellungen.

Nichts unterscheidet die Formulation der Jungen von derjenigen der Mädchen, bezogen auf das Dargestellte wie auch auf die Trazate und gleichermaßen auf die Erstfiguren und die späteren Hauptfiguren.

Nur in einem Fall besteht allerdings ein Unterschied, nämlich in der Darstellung des großformatigen Menschen: Jungen stellen einen Mann, Mädchen eine Frauengestalt dar, sozusagen den Mann oder die Frau ihrer Zukunftsvorstellung.

Große Menschen (Frauen gemalt von zwei Mädchen ...

... und zwei Männer von einem Jungen gemalt)

Die Genauigkeit der Darstellung (Beispiele von zwei Kindern)

Der Anspruch auf Genauigkeit nimmt im Kind zu. Und es folgt immer mehr der Absicht, die Dinge so zu gestalten, dass sie mit dem wirklichen Gegenstand übereinstimmen. In diesem Verlangen ist die Vernunft auf Kosten des Unbeabsichtigten im Übergewicht. Im Jugendalter ist die Zeichnung schließlich nur noch der Vernunft untergeordnet.

Das Verlangen nach zutreffenden Proportionen, nach Raumtiefe, der genauen Darstellung einer Handlung oder eines Geschehens wird immer dringlicher. Was ist aus den Trazaten geworden? Wohin sind die typischen Bild-Dinge entschwunden?

Für Unkundige ist die naturgetreue Wiedergabe des Aufgenommenen der Höhepunkt der Zeichenkunst. Tatsächlich ähnelt die dergestalt entwickelte Spur nun der von manchem Berufszeichner ausgeführten

Zeichnung und wird deshalb allgemein als Beweis einer künstlerischen Begabung geschätzt.

Es ist bemerkenswert, dass so viele Autoren von der sogenannten Kinderzeichnung – oder von vermeintlicher Kinderkunst – sprechen als von einer spezifischen altersbedingten Gattung. Sie schreiben der Pubertät das angeblich natürliche Versiegen der wundersamen Quelle zu, denn das Wachstum der Vernunft vertreibe die urtümliche Fantasie und das Einfallsvermögen – als gäbe es diese überhaupt.

Das Unvernünftigsein versucht manchmal, doch noch zu Wort zu kommen, und findet beim groß gewordenen Kind eine mögliche Zuflucht in der Karikatur: Menschen mit übertriebenen Gebärden und Positionen, Darstellungen von unnatürlichen Begebenheiten, denen die grauslichsten Comics als Vorbild dienen.

Dieser Periode folgt im Gesamtablauf der Formulation eine weitere Zeitspanne, in der sich eine ungeahnte, bislang unerprobte Äußerungsmöglichkeit entwickelt: Es bilden sich bei der in der Formulation gereiften Person die Hauptfiguren.

Es ist durchaus so, dass den Kindern die Lust ausgegangen ist. Aber nachweislich betrifft das heute schon die ganz Kleinen. Der Grund für den Verlust dieser Spielfähigkeit liegt in der Behandlung der Kinder. Ich habe das ungeschickte Verhalten des Erwachsenen beschrieben, der die Gebilde des kleinen Kindes entwertet.

Aber es ist nicht nur ein ungeschicktes Verhalten, sondern eine ganze der Überzeugung entwachsene Einstellung, dem Kind müsse geholfen werden, damit es das Unzulängliche überwinde, wenn es als für sein Alter nicht mehr angemessen gilt.

Das dem Kind Eigene ist verpönt, aber das Beigebrachte ist ihm fremd. So ist es nicht erstaunlich, dass das entmutigte Kind sich resigniert der Macht des Erwachsenen ergibt, gehorsam die Aufgabe ausführt und danach trachtet, gut bewertet zu sein. Das Kostbare in ihm ist verdorrt und zum endgültigen Verschwinden verurteilt.

Die Kunsterziehung kommt dann mit ihren abgeschmackten Faxen und macht dem betäubten Kind vor, es sei ein bewundernswerter Künstler, weil es ein paar Kleckse über die Handabdrücke seiner Mitschüler, der anderen Kunst-Parodisten, geschüttet hat.

Dieser Gaukelei wird weltweit die wertvolle Spur geopfert. Wer aber weiß, wie folgenschwer dieses Vergehen an der Formulation ist, muss sich zur Aufgabe machen, sie zu retten, damit sie wieder das beglückende Spiel vieler – aller – Kinder werden kann.

Nachdem also die von der Absicht bestimmte Äußerung ihren Höhepunkt erreicht hat und die Spur nur noch das Ziel verfolgte, das Aussehen der Dinge genauestens wiederzugeben – anstatt sie typisch zu gestalten wie zuvor –, geschieht in der Formulation des großen Menschen eine absolute Verwandlung.

Die verbannte Trazate beleben sich, treten in den Vordergrund und bestimmen allein die Spur der Großgewordenen, die wieder so spontan ist wie in der Zeit der Erstfiguren. Aber es ist keine Rückkehr in diese Verhaltensperiode: Die Trazate sprengen die Hülle (der Inszenierung) und die befreiten Figuren wachsen zu unendlich mächtigen Raum-Gebilden heran, zu nirgendwo endenden Rhythmen.
Diese Hauptfiguren der Formulation haben so wenig mit abstrakter Kunst zu tun wie die Erstfiguren. Die Entwicklung, die zu ihnen führt, ist nicht vergleichbar mit dem Geschehen in der Kunstgeschichte, das zur Ablehnung des Figürlichen führte. Die abstrakte Kunst entstand aus einer bedachten Stellungnahme des Kunstschaffenden, der einer realistischen Darstellung der Dinge andere künstlerische Werte vorzieht. Die Hauptfiguren hingegen sind eine Stufe im Gesamtablauf der Formulation, untrennbar von deren vorangegangenen Phänomenen. Sie sind in ihrer Besonderheit nur verständlich, wenn man ihren Ursprung kennt und die Gesamtentwicklung verfolgt, aus der sie entstanden sind.

***

Die Hauptfiguren der Formulation

Ganz am Anfang seines Seins und Werdens ist der Mensch ein geborgenes Wesen, von keiner Widrigkeit bedroht, allein auf sein wohlbefindliches Gedeihen konzentriert, in einer uneingeschränkten Sorglosigkeit, damit alle seine Organe und Funktionen sich entwickeln: ein Leben ganz ohne Maßstäbe, ohne Gegensätze – paradiesisch!

Zu den abwesenden Gegensätzen gehören die Begriffe von innen und außen, von oben und unten, von gut und übel, vergangen und zukünftig ... die erst viel später im Bewusstsein entstehen werden.

Ich erzähle vom vorgeburtlichen Leben, in das vorzudringen niemand vermag, denn kein Gedächtnis reicht bis zu dieser Anfangsperiode hin, von der die Forschung heute aber viel mehr weiß als noch vor einem halben Jahrhundert.

Der kleine Mensch in seiner tragenden Flüssigkeit ist geschützt, aber nicht eigentlich eingeschlossen. Er kennt noch keine Raumgrenzen, aber er wird sie im Größerwerden wahrnehmen; zuerst als einen ungenauen Begriff, etwa wie eine ferne Küste; und durch wiederholte Berührungen der Raumgrenze wird sich nach und nach eine deutlichere Erkenntnis entwickeln.

Später wird das Umhüllende, das zuvor nur sanft umfassend war, bedrängend. Und als Steigerung auf seinem Leidensweg wird der kleine Mensch aus seiner Vertrautheit vertrieben und liegt dann hilflos in der unerprobten Trockenheit, ist der Schwerkraft ausgeliefert und erfährt die Binarität eines fremd anmutenden Daseins, in dem Helligkeit und Dunkelheit, Wärme und Kälte, Verlangen und Befriedigung usw. sich abwechselnd gegenüberstehen. Er muss sich in diese hartkantige Welt einleben, die die sanft sich anschmiegende, vergangene ablöst; es wird ihm umso sicherer gelingen, als die weiterhin beschützende Mutter, deren Wesen ihm schon vertraut ist, ihm mit ihrer Sanftmut beisteht.[1]

Im Ablauf der Formulation ist die Periode der Erstfiguren eine wichtige Zeitspanne. Ihre Gebilde entstehen unbeabsichtigt, vorbestimmt, unausweichlich, in einer endlos scheinenden Üppigkeit. Sie stellen nichts dar, sie sollen nichts Bestehendes, Vergleichbares andeuten. Sie haben nur da zu sein, aus einer nicht nachvollziehbaren Empfindungswelt stammend, weshalb sie sich auch jeglicher Auslegung entziehen. Der sie entstehen lässt macht sich keine Gedanken darüber, warum sie im Raume des Blattes erscheinen und warum sie so aussehen, wie es ihm gelang, sie zu bilden; genauso wenig wie bei der Feststellung, dass sie sich verändern – durch irgendwelche Zugaben oder Umgestaltungen. Während ihres Geschehens fühlt sich das Kind in der unbestrittenen Sicherheit des vorgeburtlichen Paradieses.

Und auch hier, in der Formulation, ist es nicht den belastenden Gegensätzen von oben und unten, außen und innen, angenehm und schmerzhaft ... ausgesetzt. Denn es geschieht nicht etwas Mögliches – das anders sein könnte –, sondern das unbezweifelt »Seiende«.

Die Erstfiguren spielen miteinander, lösen sich gegenseitig ab, kommen wieder – vertraute Gefährten, mit denen das Kind spielt wie als Neugeborenes mit seinen Fingern oder Füßen.

---

1 Es ist für mich wichtig und erfreulich, den Arzt Dr. Jean-Marie Delassus hier zu erwähnen, der als ehemaliger Leiter der geburtshilflichen Abteilung eines Pariser Krankenhauses Initiator der »Maternologie« war, einer Wissenschaft, die eine neue medizinische Praxis für die Schwangerschaft anstrebt. Seine Erfahrungen und Überlegungen treffen in vielen Einzelheiten mit meinen Beobachtungen zusammen. Auf die Frage: »Besteht wohl eine vorgeburtliche Erinnerung?«, antwortet er: »Traumbilder entstehen erst, wenn nichts Anschauliches mehr zu sehen ist. Es scheint also sicher, dass das Sehvermögen nicht nur auf das Äußere bezogen ist, sondern dass es auch genauso gut von den inneren Informationen belebt sein kann, die dem für das Betrachten der Dinge geeigneten Organ vorangehen. {...} Das menschliche Wesen wird vom innen Sichtbaren bestimmt.« Er stellt außerdem fest: »Und weil ein Erinnern, wenn auch nur in sehr primitiver Wesensart, über die Geburt hinaus bestehen bleibt, kann man – wegen seiner auch gefühlsbedingten Beschaffenheit – mit Bestimmtheit annehmen, dass die Abläufe, die für eine solche Funktion geeignet sind, schon vor der Geburt belebt waren.« Und: »Unumgänglich ist die Annahme, dass das empfundene und begriffene Leben seinen Widerhall und auch seine Erinnerung besitzt.« Auch Delassus spricht von einer »verborgene(n) körperliche(n) ›Erinnerung‹« und geht davon aus, dass diese »im tiefsten Inneren des Körpers eingetragen« ist. Die zitierten Passagen stammen aus den Büchern von Jean-Marie Delassus »Der Genius des Fetus« (Le génie du fœtus, Ed. Dunod 2001) und »Software der Seele« (Les logiciels de l'âme, Ed. Encre marine 2005) und wurden hier von mir aus dem Französischen übersetzt.

Der Raum ist unbestimmt, ohne ein Oben-und-Unten noch ein Vorne-und-Hinten, gewissermaßen frei vom Begriff der Schwerkraft, und er ist unbegrenzt. Raumbegrenzungen – Verkörperung eines Raum-Begriffes – entstehen auf dem Blatt erst später, entstehen nicht willkürlich, aber ebenso wenig aus einer Überlegung.

Noch nachdem das Kind sich mit Bild-Dingen eine Welt angelegt hat, wozu es die dazu bereitstehenden Requisiten der Formulation verwendete, sind alle diese Dinge in einem unbestimmten Raum zerstreut.

Und wenn sich eines Tages oben ein zaghafter, unsicherer und gar verschwommener Strich dazu gesellt, ist er nicht mehr als ein vorübergehender Gast inmitten aller anderen zum Spiel des Kindes Geladenen.

Nachdem der kaum merkliche Strich zunächst wieder verschwunden war, erscheint er später erneut, und im weiteren Wiederholen nimmt er an Gewicht zu, setzt sich am oberen Blattrand als schmaler Streifen fest, der breiter wird und sich zu einer weiterhin zunehmenden Fläche ausdehnt.

Die anfängliche Abwesenheit der Raumbegrenzung, ihr zaghaftes Entstehen und die pro-

Oben: Erstfiguren
Unten: Menschen und Tiere in einem unbegrenzten Raum (von einem Nomadenkind, Afghanistan)

*Entstehen der oberen Raumbegrenzung
(Beispiele von zwei Kindern)*

grammierte Entwicklung, die sie bis zu einer breiten Fläche treibt, stimmen mit den Raumerfahrungen in der Zeit als Embryo und Fetus überein. Einmal beginnt auch hier die Wahrnehmung der Raumgrenze, die der Kopf berührt und die sich durch die Wiederholung der Erfahrung zu einem Begriff verstärkt. Dieses Raum-Ende wird deshalb auch als etwas oben Befindliches aufgenommen. Die Berührung des Bodens unter den Füßen wird hingegen eine beträchtlich spätere Erfahrung im Leben sein.

Die Raum-Empfindung, begleitet von dem Begriff »oben« und »unten«, bringt auch den Sinn für das Stehende, d.h. die Vertikalität mit sich.

Die zuvor geschilderte Entwicklung in der Formulation, die die obere Begrenzung erzeugt, ruft auch die untere Raumbegrenzung hervor. Diese geht ihrerseits von einem schmalen Band aus, wächst zu einer Fläche nach oben heran, dem Himmel entgegen, an den sie sich endlich anschließt. Solange aber noch ein Zwischenraum besteht, fordert dieser eine Wimmelmenge heraus, die sich, mehr oder weniger dicht, in dieser Leere verbreitet. Das »Material« hierzu liefern die bereitstehenden Bild-Vorwände: Regentropfen, Wolken, Sterne, eine Vogelschar usw. Manchmal ist für die Wimmelmenge gar keine vernunftbedingte Rechtfertigung nötig, und es sind bloß Punkte oder Striche wie die ursprünglichen Punktili. Mit oder ohne bildliche

Die Raumbegrenzungen: 1. oben, 2. oben und unten, 3. seitlich, 4. Einrahmung, 5. Trichter, 6. Bogen-Trazat

 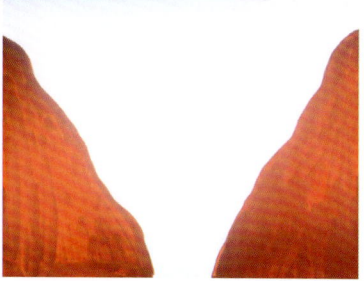

*Links das Trichter-Trazat, in eine Darstellung eingekleidet,
rechts das dem Bild entnommene, entblößte Trazat
Unten: Links das Trichter-Trazat von einem Kind, rechts von einer großen Person*

Einkleidung ermöglicht das raumfüllende Wimmeln das Weiterbestehen dieses einen Anfangs der Formulation.

Die obere und untere Raumbegrenzung geschieht bei jedem Kind. Aber neben diesen üblichen kommen noch weitere Begrenzungen des Raumes vor, nämlich auf beiden Seiten – und auch dafür findet die Vernunft eine Rechtfertigung, als Vorhänge oder als Felswände.

Der Raum kann auf allen vier Seiten begrenzt sein. Manchmal ist es dann ein aus schmalen Strichen zusammengesetzter Rahmen, der immer breiter und zu einer einfarbigen Fläche wird. (Wer dem Vorgang nicht beiwohnt, könnte meinen, das Kind habe bloß das Blatt willkürlich mit einer Farbe bemalt.)

Zusätzlich kommen in der Formulation noch zwei »einschränkende Raumbegrenzungen« vor: Der »Bogen« und der »Trichter«. Auch diese Gebilde sind meistens in etwas Dargestelltes eingekleidet; der Bogen in einen Regenbogen oder in ein Gewölbe usw., der Trichter in zwei Hügel oder in die beiden dreieckigen Segel eines Bootes usw. Diese Raumgebilde erscheinen auch später als Hauptfiguren in der Formulation der Großen wieder, als entblößte, oft mächtige Trazate.

4

VERNUNFT UND SPONTANEITÄT

Im Bild eines unbelasteten Kindes reihen sich die Bestandteile der Formulation aneinander, als die unentbehrlichen Requisiten für die angestrebte Welterrichtung – eine ihm angepasste und nur ihm eigene Welt, die mit keinem Fremden geteilt wird. Und doch ist ihr Entstehen ein vorbestimmter Ablauf, der nur in Einzelheiten vom ähnlichen Geschehen bei einem anderen abweicht. Daher lässt sich am Beispiel eines Kindes das Allgemeingültige erkennen, so wie dem Kenner an einem Gewächs das für seine Gattung charakteristische Gesetz auffällt.

Die typischen Bild-Dinge der Formulation umhüllen Trazate, von denen ihre Gestaltung bestimmt ist. Das gleiche Trazat kann sich genauso gut in ein anderes Bild-Ding einfleischen, wenn es sich aus dem inneren unwiderstehlichen Bedürfnis dem Kind aufdrängt, ganz unabhängig von der beabsichtigten Darstellung, sei es nun dieses oder jenes Gegenstandes.

Beim Betrachten einer »Kinderzeichnung« stellt der Erwachsene die übliche Frage: »Wie alt ist das Kind?« Warum diese Frage? Deswegen, weil jemand irgendwann einen zwingenden Zusammenhang zwischen dem Alter des Kindes und bestimmten Einzelheiten seiner Menschendarstellungen erfand. Und Sie – weil Ihnen bis jetzt noch niemand etwas Gegenteiliges vorgestellt hat – glauben vermutlich auch, die geistige Entwicklung des Kindes bestimme seine Darstellungsweise der betrachteten Dinge: »Menschendarstellung von einem Mädchen, 6½ Jahre alt; Mann-Zeichen-Alter 6 Jahre: Altersrückstand«. Oder von einem Jungen: »4¼ Jahre; Mann-Zeichen-Alter

Eugenie

4½ Jahre: leichter Altersvorsprung«, »Junge, 12¼ Jahre; Mann-Zeichen-Alter 12 Jahre: alterstypisch«. Dem Urheber dieser Behauptungen ist die Formulation unbekannt. Aber weil er glaubt, dass die Darstellung eines Menschen mit Absätzen an den Schuhen in Profildarstellung einem bestimmten geistigen Entwicklungsstadium entspricht, wird das Kind noch heute nach diesen Kriterien in seiner Entwicklung beurteilt und u.a. schulisch behandelt.

Die wahren Kriterien zur Beurteilung der Spur sind ganz anderer Art. Ob der Mensch mit Augenbrauen oder ohne Hals dargestellt ist, sein Kopf größer oder kleiner ist als der Leib, die Füße nach innen oder außen gerichtet sind usw., das sind oberflächliche Nebenerscheinungen.

Wie geht ein gebildeter Mensch mit diesen für die Einschätzung kindlichen Ausdrucks verwendeten Begriffen um, wenn er vor einem Porträt von Modigliani oder Picasso steht? Würde er wohl die fehlenden Einzelheiten oder »verunstalteten« Proportionen als altersrückständig einschätzen?

Die Frage nach dem Alter erübrigt sich jedenfalls, genau wie auch diese immer wieder an das Kind gerichtete: »Was soll das hier darstellen?« Denn sie ist von dem Hintergedanken begleitet, ob das Dargestellte gut, das heißt, naturgetreu aussieht oder ob dem Kind dieses Können erst beigebracht werden müsse, damit es den Himmel nicht bloß als einen schmalen blauen Streifen oben und den Boden als einen grünen Strich unten darstelle, sondern so wie der Landschaftsmaler, dessen Bild hier gezeigt ist.

Die kindliche Darstellungsweise ist für die Belehrenden verbesserungsbedürftig, und sie bemühen sich, dem Kind das Richtige beizubringen. Als richtig versteht sich: perspektivisch, mit einem Vordergrund und dem fernen Horizont und den entsprechenden Proportionen der Dinge.

Der Zeichenunterricht wurde inzwischen von der Kunsterziehung abgelöst; aber die gegenwärtigen Eltern und Großeltern waren die Schüler der damaligen Zeichenlehrer, und ihre Einstellung der kindlichen Äußerung gegenüber ist von ihrer eigenen Schulerfahrung geprägt.

Ein heutiger Kunsterzieher hingegen wird das Bild dieses Landschaftsmalers als akademisch, realistisch, kunsthistorisch überholt werten. Der Künstler spielt heute mit Formen und Farben. Dass ein Kind ein Haus, einen Menschen, einen Baum usw. darstellt, gehört einer veralteten Denkweise an. Es soll vor allem alle möglichen Materialien zusammentragen und erfinderisch verbinden und beschmieren.

Landschaftsgemälde

Das Haus im Bild von Eugenie

Die Kunsterzieher haben eine ablehnende Einstellung der spontanen »Kinderzeichnung« gegenüber, die dem früheren, belehrenden Verhalten diametral entgegengesetzt ist. Schlussendlich ist die aufgezwungene Fantasie für die natürliche Äußerung gefährlicher als der ehemalige akademische Zwang. Das Kind stellte gar keine Verbindung her zwischen den damaligen Zeichenstunden und dem im Malort gebotenen Spiel, während es heute entfremdet vor dem einladenden Blatt steht und versucht, sich der beigebrachten Kunstformeln aus der Kunsterziehung zu entsinnen. Anstatt lustvoll zu spielen, setzt es leblose Farbflächen aneinander, in der Einbildung dieses sinnlose Erzeugnis sei ein Kunstwerk. Schade um die schlecht angewandte Spielfähigkeit und die verlorene Begeisterung des Kindes. Schade auch um die veruntreute Kunst, die doch mehr wert ist als diese Gaukelei.

Eugenie hat dieses Bild (links) mit der Darstellung des Hauses begonnen. Daneben stellte sie zwei Bäume – und Blumen in die Zwischenräume. Als Nächstes kam der Himmel dazu, unter dem eine Sonne sein musste. Sie begrenzte den Raum unten mit einem schwarzen Erdstreifen, und hernach füllte sie den Raum mit einer Vogelschar aus. Nichts ist dabei erstaunlich: ein Bild, das in allen Einzelheiten der Formulation angehört. Nur ihre Reihenfolge hätte anders sein können: Oft beginnt das Abenteuer mit der oberen Raumbegrenzung, und alles andere folgt, je nachdem, ob das Spiel mit einer festen Absicht beginnt oder ob es aus einer spontanen Notwendigkeit entsteht. Auf Himmel und Erde von Eugenie komme ich später im Einzelnen noch zurück und werde sie in der Abfolge ihres Entstehens kommentieren.

So wie ein Kind das typische Haus bildet, sieht kein Gebäude in seiner Umgebung aus. Eugenie ist ein Mädchen aus der Großstadt. Nach Hause gehen heißt für sie, fünf Stockwerke hochzusteigen. Als sie noch klein war, trug sie das afrikanische Au-pair-Mädchen jeden Tag auf dem Arm herunter und herauf; jetzt, wo sie groß ist, braucht sie sich nicht einmal mehr am Treppengeländer festzuhalten, wenn sie in die Schule rennt oder am Abend mit ihrem schweren Ranzen nach Hause klettert.

Das Wohnhaus hat kein spitzes Dach. Man sieht es überhaupt nicht, es könnte flach sein oder nur über der Vorder- und Hinterfront etwas schräg, wie bei denen, die in der Straße gegenüber stehen, auf die Eugenie aus den Fenstern ihrer Wohnung blickt.

Ich wunderte mich in den Jahren meiner Begegnung mit der Formulation, dass nicht auch andere die gleichen Beobachtungen machten und zum Bei-

*Die Straße im 8. Bezirk von Paris,
in der Eugenie wohnt*

Dreieckiges Haus, dreieckiger Mensch

spiel darüber nachgedacht hatten, warum die Kinder ein so gestaltetes Haus darstellen, das nicht wie die in ihrer Umgebung aussieht.

Später las ich mit Erstaunen, was über das kindliche Haus geschrieben worden ist. Jemand sagt darüber, es sei ein »Traumhaus«, magisch, wie in einem Märchen. Das ersparte ihm wohl die Mühe, weiter darüber nachzudenken. Und was manche Analytiker darüber schreiben gehört nun wirklich der Märchenwelt an und nicht der belegbaren Wissenschaft. Eine Psychoanalytikerin schreibt: »Im Allgemeinen besitzen die Häuser zwei Schornsteine, worin man Vater und Mutter erblicken kann.« Diese statistisch erwiesene Unwahrheit verkündet sie in einem Buch, das besonders für Eltern und Erzieher bestimmt ist. Als Dozentin belehrt sie mit solchen Behauptungen die Studenten und Studentinnen des Lehrerseminars, damit sie wissen, wie sie die Zeichnungen ihrer Schüler interpretieren können.

An ähnlichen Beispielen fehlt es nicht: Françoise Dolto, eine führende französische Psychoanalytikerin und Kinderärztin, hatte dieses Haus bemerkt, nannte es »Maison-Dieu« (das göttliche Haus) und behauptete, dass es sich später verwandle, indem es sich an ein zweites, ähnliches anlehne, woraus ein breiter Körper entstehe, den sie »Maison-sociale« nannte (das soziale Haus).

Solche Deutereien sind unsinnig. Wesentlich für jeden, der mit Kindern zu tun hat, ist das Wissen um die Entstehung und Weiterentwicklung des Hauses – und eben nicht nur dieses Bild-Dings, weil es doch einem Gesamtgefüge angehört. Wesentlich ist die Kenntnis der gesamten Formulation, deren Einzelheiten untrennbar verbunden sind.

Ich zeigte auf Seite 77 den Ursprung des Hauses und die beiden Entwicklungsbahnen, in denen zwei Häusergattungen entstehen: das von Eugenie gezeigte typische Haus und daneben das Raum-Haus.

Im gegenwärtigen Zusammenhang möchte ich vor allem die Vorstufe noch einmal erwähnen: das Dreieck, als Erstfigur – in der Weiterentwicklung der Tropfenfigur – und als werdendes Bild-Ding. In dem Beispiel hier rechts ist das Haus – obwohl in seiner Form noch mit der Erstfigur identisch – bereits mit den typischen, dem Haus eigenen Einzelheiten versehen: Tür, Fenster, Schornstein usw. und nicht zuletzt mit einem kleinen waagerechten Strich unter der Spitze des Dreiecks, der das spätere Dach andeutet, das als Dreieck über der viereckigen Mauer des typischen Hauses steht.

Das Haus in diesem Entwicklungsstadium ist auch vergleichbar mit anderen dreieckig gestalteten

Evolution: von den Giruli zum typischen Haus

Dreieckige Häuser (von Delphine)

Vergleich: dreieckiges Haus (oben), dreieckiges Kleid (von Delphine). Unten: Das dreieckige Haus ähnelt auch dem dreieckigen Segelboot in diesem Bild eines anderen Kindes

Bild-Dingen. Als Beispiel: das dreieckige Haus, das dem Segelboot ähnelt, und das – bei Delphine – wiederum mit dem Kleid des wiederholt dargestellten Menschen übereinstimmt.

Ich werde später noch einiges mehr von diesem Haus zu sagen haben.

Als nächstes Bild-Ding, das hier der Darstellung des Hauses folgte, betrachten wir den Baum. Eugenie hat zweimal den Apfelbaum dargestellt (oben rechts), der sich aus einer runden Krone und einem Stamm zusammensetzt. Der Apfelbaum vereint zwei Erstfiguren: die runde Figur, die eine gewisse Anzahl von kleinen runden Förm-

Oben: Eugenies Bäume
Unten: Baum, Erstfigur, Mensch, Boot

chen enthält, und die runde Figur mit einem angesetzten Strich. Je nach der Persönlichkeit des Kindes ist die Baumkrone klein oder breit und der Stamm mehr oder weniger dick und lang, wie auch die runden Förmchen mehr oder weniger groß und zahlreich, manchmal sogar bloß vermehrte Punkte sind.

Die verschiedenen Rollen des Baumes in der Formulation

Oben: Eugenies Sonne und Blumen. Unten: Strahlenfigur als Sonne und Blumen, Erstfigur, Tintenfisch, Hände und Füße

Die Baumkrone ist ein Behälter. Dieses Gebilde ist von einem Bedürfnis hervorgerufen worden und kann in allen möglichen Darstellungen als Trazat enthalten sein. Nicht alle Bäume spielen diese Rolle in der Formulation. Der Baum hat nicht – wie das Haus oder der Mensch – eine programmierte Evolution, aber er ist in 16 Gestaltungen typisch und kann gelegentlich noch weitere Rollen spielen.

Runde Figur mit einem Kern als Blume, Erstfigur, Mensch, Tier

In der oberen rechten Ecke in Eugenies Bild steht eine typische Sonne, ein rundes Gebilde, von Strahlen umgeben. Sie enthält als Trazat die Strahlenfigur, diese schon gezeigte, besonders wichtige Erstfigur der Formulation, die in vielerlei Darstellungen eingekleidet sein kann, als Tintenfisch im Wasserraum, als Hände und Füße eines Menschen oder als Mensch selbst (von anderen dann als »Kopffüßler« bezeichnet, eine Benennung, die ich, wie bereits erläutert, wegen ihrer Unbrauchbarkeit für das Formulationsgeschehen ablehne).

In dem Bild, das uns hier beschäftigt, kommen Blumen vor, die ebenfalls vom Trazat der Strahlenfigur bestimmt sind. Zusätzlich enthalten sie noch einen Mittelpunkt. Dieser ist keine bloße Verzierung, sondern auch ein Bestandteil einer Erstfigur, der runden Figur nämlich, die einen Kern enthält. Später ist sie in Bild-Dingen enthalten, nicht nur in der typischen Blume, sondern auch im Kopf eines Menschen (der Mensch der dritten Gattung zeichnet sich dadurch aus) und auch in typischen Tieren, vor allem in einer gewissen Vogelgattung.

Die Formulation besitzt zweierlei Vogeldarstellungen: den hier erwähnten stehenden oder laufenden Vogel und den aus zwei Strichen zusammengesetzten und immer in Scharen vorkommenden fliegenden Vogel, der besonders als Element der Wimmelmenge verwendet wird.

Immer wieder kann man eine Verwandtschaft zwischen verschiedenen Bild-Dingen, die einen gemeinsamen Ursprung haben, erkennen. Das Verbinden von zwei Strichen geschieht ziemlich früh im Ablauf der Formulation: Es entsteht dabei das Kreuz, das Zusammensetzen von einem senkrechten und einem darüber gezogenen waagerechten Strich sowie der Winkel. Dieser ist dann später im Vogel enthalten, in mancher Baumkrone und in den beiden Blumenblättern am

Zwei an ihren Enden verbundene Striche – der Winkel – als Blumenblätter, Vogel, Baum

Fuße des senkrechten Stiels, die auf der Schema-Tafel hier rechts angedeutet sind. Er kann auch eine ähnlich aussehende Haarschleife sein, und wenn das größer gewordene Kind zu schreiben beginnt, ist dieses vertraute Gebilde der Buchstabe V.

Ich kenne ein Buch, in dem ein Autor die Bedeutung der Sonne erklärt. Je nach ihrer Stellung im Raum und den Einzelheiten ihres Gesichtes wird der Gemütszustand des Kindes aus seiner Zeichnung herausgelesen: Ist die Sonne oben, seitwärts, auf der Seite der Vergangenheit oder der Zukunft oder unten im Raum, hat sie alle Gesichtszüge und welche Art von Strahlen …? Und es finden sich bereitwillige Leser, die das Kind danach einschätzen und behandeln!

Die fantasievolle Dame, die von den beiden Schornsteinen so mächtig Unwahrscheinliches geschrieben hat, spricht in ihrem Buch auch von der väterlichen Sonne – der Mutter ist der Mond überlassen. Das mag – mithilfe der Grammatik – auf Französisch überzeugend klingen, weil die Sonne »le soleil« und der Mond »la lune« heißt. Deutschsprachigen würde es eher schwerfallen, die Sonne als Sinnbild des Vaters anzuerkennen.

Wie die Mehrzahl der Bild-Dinge spielt auch die Sonne verschiedene Rollen in der Formulation. Ich erwähnte das in Bezug

Die Sonne löst sich zum Licht-Raum auf

Der Licht-Raum

auf den Baum, der, je nach dem dringenderen Ausdrucksbedürfnis des Kindes, von diesem oder jenem Trazat bestimmt ist. Da ging es einfach um die Verschiedenheit der Gestaltung eines Gegenstandes. Und das Gleiche sahen wir kurz zuvor bei den beiden Vogel-Gattungen, die nebeneinander in der Formulation vorkommen und in keinem strukturellen Verhältnis zueinander stehen.

Bei der Sonne ist es so, dass sie eine erste Rolle als Einkleidung der Strahlenfigur spielt und hernach zu einer anderen Rolle übergeht. Es ist keine Weiterentwicklung wie der nachvollziehbare Prozess beim Haus oder Menschen mit Übergängen und Zwischenstufen und in dem ein Gebilde aus dem anderen herauswächst.

Die Sonne als Strahlenfigur hat eine bestimmte Stellung im Raum, kann sich oben, seitwärts, in der Mitte oder eher im unteren Bereich des Blattes befinden, und ihre Stellung kann in der Reihenfolge der Blätter eines Kindes immer die gleiche sein – und ist deshalb für ein wesentliches Ausdrucksbedürfnis bezeichnend. Bei dieser Wiederholung ist auch die Farbe von Bedeutung. Und neben der Sonne als Strahlenfigur gibt es halbe Sonnen, deren Stellung beachtenswert ist, und Sonnenviertel, in einer der beiden oberen Ecken des Raumes.

Das Sonnenviertel trägt eine wichtige Funktion in sich. Aus ihm strahlt das Licht – wie aus einem Bühnenscheinwerfer – in den Raum ein. Dieses Geschehen wird kaum merklich beginnen: mit einigen roten Zusatzstrahlen, die die gelben verlängern oder ergänzen; und im späteren Verlauf des voraussehbaren Geschehens wächst eine Lichtzone als Wimmelmenge von Strahlenstücken oder als eine gelb-rote Fläche. So kommt der »Licht-Raum« zumeist zustande.

Doch auch mit anderen Mitteln sowie mit anderen Bild-Vorwänden kann der Licht-Raum auftreten: als einheitlich gelbe oder orange Fläche; als ein mit gleichzeitig roten und gelben Farbspuren angefüllter Raum, aus der schmelzenden Sonne herauswachsend; als Feuer; als aussprudelnder Vulkan.

Im Vulkan sind meistens zwei Phänomene der Formulation vereint: das »Lichtgeschehen« und das »Aussprudeln«. Und obwohl ich

Oben: Der Vulkan. Unten: Das Feuer

Aussprudeln

damit vom Thema etwas abweiche, möchte ich hier dem Aussprudeln ein paar Zeilen widmen.

Genau wie die Strahlenfigur nicht nur in die Sonne eingekleidet ist, sondern auch in einer Blume, in Händen oder einem Tintenfisch enthalten sein kann, so bieten sich auch dem Aussprudeln alle möglichen Vorwände: Rauch, das Blattwerk einer Palme, Blumen in einer Vase u.v.m.

Und indem ich mich noch etwas weiter vom behandelten Thema entferne, möchte ich an die Grundprinzipien der Formulation erinnern, die ich zu Anfang dieses Buches erwähnt habe: das Wiederholen und die Evolution, die Entwicklung – zwei Begebenheiten, die in der Pädagogik als Gegensätze betrachtet werden, die aber in der Formulation ergänzend wirksam sind: Die *Evolution* ist in der Abfolge der Bilder einer Person zu sehen, z.b. in der Entwicklung der Raumbegrenzungen vom schmalen Streifen bis zu einer breit gewordenen Fläche – eine Entwicklung, die sich über Monate und Jahre erstrecken kann und die deutlich bei Hélène ersichtlich ist (Bilderreihe auf den Seiten 131 bis 135).

Die *Wiederholung* ist auch in der Folge der Bilder von Hélène ein auffallendes Geschehen: In jeder ihrer Inszenierungen ist der Himmel hellgrün und der Erdstreifen grün; das gleiche Haus erscheint immer wieder, die gleichen Menschen, Tiere. Und verschiedene Gebilde werden ebenfalls wiederholt: runde Figuren mit einem angesetzten Strich, Strahlenfiguren, ein Bogen aus aneinandergereihten Punkten usw.

Die Wiederholung ist eine Bekräftigung des Dringenden, Wesentlichen – auf Kosten des Nebensächlichen und Gelegentlichen. Die Wiederholung eines Phänomens – sei es ein Bild-Ding, ein Trazat oder ein Raum-Gebilde – zeugt von seiner Wichtigkeit, der auch die schrittweise Verstärkung als ein charakteristischer Entwicklungsprozess entspricht.

*In der Folge zehn Bilder aus der Evolution von Hélène.
Die dargestellten Bild-Dinge und die Farben der Raumbegrenzungen
werden wiederholt; die Raumbegrenzungen nehmen zu*

Oben: Der Rauchstreifen wird zu einem größeren Rauchausstoß
Unten: Im darauf folgenden Bild eines Vulkans verstärkt sich dieses Aussprudeln

Ein weiteres Beispiel illustriert noch einmal den zuvor geschilderten Vorgang. Zwei nacheinander entstandene Bilder eines Kindes zeugen davon, wie es, nachdem es diese Winterlandschaft mit allen dazugehörigen Einzelheiten angelegt hatte, zum Schluss noch einmal den grauen Pinsel ergriff und den schmalen Rauchstreifen, der den Schornstein verlängerte, zu einem breiten Ausstoß verwandelte – und daraufhin im gleichen Schwung einen Vulkan malte, aus dem ein

Riesen-Aussprudeln passiert. Auch in dieser Abfolge handelt es sich um die Betonung von etwas zuvor nur Angedeuteten.

Ich möchte vom Haus noch einiges mehr erzählen, denn bisher habe ich es ja bloß in seiner typischen Gesamtgestaltung beschrieben. Aber jede ihm angehörende Einzelheit ist bemerkenswert.

Im Dach des typischen Hauses von Eugenie ist ein kleines Fenster enthalten. Nicht in jedes Haus ist dieser Mittelpunkt eingetragen, aber er gehört ihm naturgemäß an.

Die Formulation – das wissen Sie – ist ein Zusammenspiel von Beabsichtigtem und etwas aus den verborgenen Tiefen des Wesens Aufsteigendem. Letzteres – auch das erwähne ich – wurzelt in der Organischen Erinnerung an unsere allerfrühesten Zeiten. Ich unterstreiche das, um den verbreiteten Gedanken zu widerlegen, das Unvernünftige stamme aus dem Einfallsvermögen des Kindes – weil Kinder doch so fantasiereich seien und diese humorvolle Begabung angeregt werden könne und zu originellen Schöpfungen führe. Ich sage es hier noch einmal, es geht nicht um bewundernswerte Erfindungen; alles geschieht nach einer natürlichen Gesetzmäßigkeit, ist vorausbestimmt und für den Kenner voraussehbar. Dieses unentbehrliche Wissen schützt vor Neugierde und Bewunderung wie auch vor der üblen Versuchung, dem Kind nahezubringen, wie sein Bild »verbessert« werden könne.

Das »Dachfenster« also! Ich nannte es auch, seine Rolle betonend, den »Mittelpunkt« – denn darum geht es. Der Mittelpunkt im Dreieck ist vergleichbar mit dem Kern in der runden Figur (die, ich erinnere daran, später als Auge im runden Kopf von

Das typische Haus der Formulation

Tieren und einer gewissen Menschen-Gattung weiter besteht).

Den *Mittelpunkt* bezeichne ich nicht als ein Trazat, sondern als einen *Akzent*. Das Gleiche gilt auch für die *Mittellinie*.

Im Falle des Dachfensters spielt der Mittelpunkt eine entscheidende Rolle: Aus ihm wächst der Schornstein hervor, was – natürlich – seine (schräge) Richtung erklärt.

Der Mittelpunkt im dreieckigen Dach ist ein Bestandteil des typischen Hauses. Aber nicht jedes Haus ist mit allem versehen, was ihm angehört; genau wie nicht jeder Weg, aus dem Bäume oder Grashalme als Fransen herauswachsen, auch die dazugehörige Mittellinie besitzt. Es hängt von der Dringlichkeit des Ausdrucksbedürfnisses ab, und es kommt auch darauf an, ob im Moment der Äußerung das Unbeabsichtigte oder das Bedachte überwiegt. Und es kann ein Hin und Her zwischen beiden geschehen, etwa auf diese Weise: Der Mittelpunkt drängt sich dem Kind auf, das ihn rückhaltlos einträgt; die Vernunft findet dafür eine Rechtfertigung als Dachfenster. Der Gedanke oder die Erinnerung an ein solches fordert, ein Fensterkreuz in das kleine runde Gebilde einzutragen; und so entsteht – über den

Das typische Haus mit dem Mittelpunkt im Dach

Links: Die runde Figur, ein Kreuz und vier Kerne enthaltend
Rechts: Ziegel auf dem Dach des typischen Hauses

Gedanken hinaus – diese Erstfigur, in die das Kind womöglich noch als Verzierung vier Punkte einsetzt, die dieser Figur angehören.

Noch anders kann es allerdings auch sein; nämlich so, dass das Kind, nachdem es das typische Haus bildete, Ziegel anstatt eines Dachfensters in das Dreieck einträgt. Dann ist die Äußerung vorwiegend vernunftbestimmt, was nicht bedeutet, dass sie deshalb formulationsabtrünnig wäre – vernunftbestimmt ist nicht das Gleiche wie: von belehrender Seite beeinflusst und formulationsfremd.

Ich erwähnte den Rauchstreifen, der den Schornstein verlängerte und sich nachträglich in ein Aussprudeln verwandelte. Der Rauch, obwohl kein Bild-Ding an sich, spielt alle möglichen Rollen in der Formulation; er kann sich zu einer längeren Strecke ausdehnen, kann sehr weit bis zur oberen Raumbegrenzung führen oder, nach mehreren Schleifen, zu seinem Ausgangspunkt zurückkehren u.v.m.

Rauch und Weg

Am entgegengesetzten Ende des Hauses wächst ein Weg aus der Tür heraus. Der Weg ist – ohne ein eigenständiges Bild-Ding zu sein – ein sehr wichtiger Bestandteil der Formulation und für zahlreiche Rollen erlesen. Ohne sie im Einzelnen aufzuzählen oder zu beschreiben, weise ich auf diese verschiedenen Gestaltungen des Weges auf der Übersichtstafel hin.

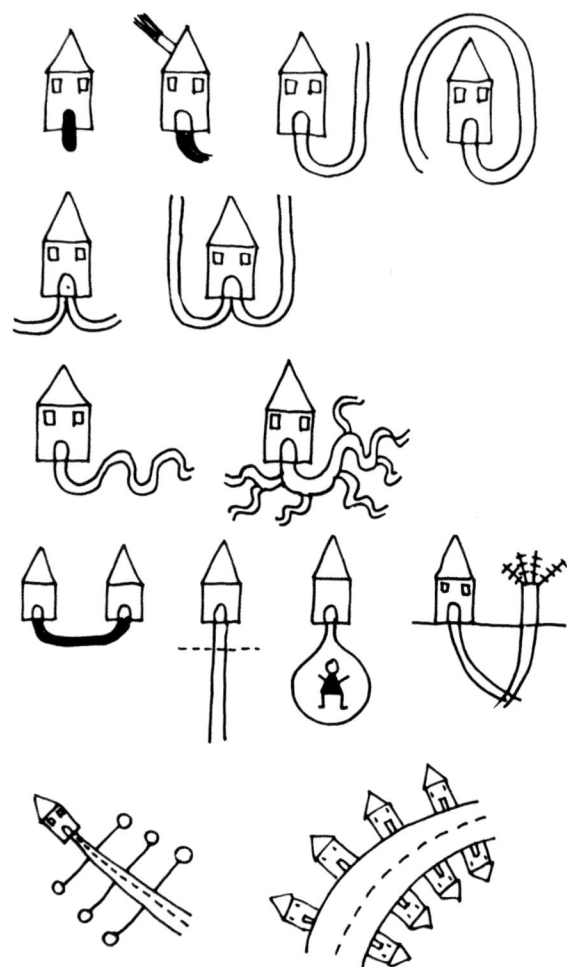

Der Weg und seine verschiedenen Rollen in der Formulation

Nur Folgendes noch, das sich auf zwei ganz besondere Rollen des Weges bezieht: Es kann eine Verbundenheit entstehen von Weg und Raum. Manche Wege durchziehen den Raum des Blattes, bilden Schleifen und breiten sich mit vielen Verzweigungen zu einem Netz aus. Dann ist es ein Raum-Weg, vergleichbar mit dem Raum-Baum, dessen zahlreiche Äste und Zweige ebenfalls durch den Raum wachsen; genau wie auch Kletterpflanzen auf Mauern oder lange, verzweigte Wurzeln zu einem Labyrinth werden können.

Auf eine andere Weise besteht ein Verhältnis zwischen dem Weg und dem Raum: Manchmal ist der Weg nur ein kleiner Anhang, der die Tür verlängert. In der Folge ist es meistens so, dass der Weg an

Oben: Raum-Weg
Unten: Raum-Baum

Eugenie: Erweiterung des Raumes

Lange Wege, die den Raum erweitern

Breite und Länge zunimmt und schließlich bis zum Ende des Raumes seitwärts, oben oder unten führt. Außerdem kommt es vor, dass er über die Raumbegrenzung hinauswächst und den Raum dementsprechend erweitert, und es entstehen schrittweise, dank zusätzlich angehängter Blätter, unvorhersehbare, riesengroße Landschaften.

Die Erweiterung des Raumes kann auch mit einem anderen Vorwand geschehen. Allerdings bedarf sie nicht einmal eines solchen, denn sie gehört zu den vorbestimmten Geschehnissen der Formulation, sogar

Licht-Raum

bei kleinen Kindern. In der späteren Periode der Hauptfiguren ist das Wachstum des Raumes fast unumgänglich, ganz besonders, wenn diese als rhythmische Gebilde erscheinen, die in eine grenzenlose Unendlichkeit treiben.

***

Im Bild von Eugenie kommt kein Wasser vor, aber der Wasser-Raum spielt eine wichtige Rolle in der Formulation und verdient besondere Beachtung.

Angesichts von Eugenies Sonne erwähnte ich den Licht-Raum. Dort geht es um die Verbindung – nicht Vermischung – von Gelb-und-Rot. Als Einheit betrachtet ist diese Farbverbindung Bestandteil der Formulation wie all die anderen Gebilde, die ihrem Gesamtgefüge angehören.

Und neben dem Licht-Raum – und in einer geheimen Beziehung zu diesem – gehört der Formulation auch der Wasser-Raum an, des-

Wasser-Raum vom gleichen Kind

sen Blau neben dem Rot-Gelb ebenfalls einen der 70 Bestandteile der Formulation verkörpert. Der Wasser-Raum entsteht des Öfteren aus der Absicht des Kindes, ein Schiff darzustellen. Darunter erstreckt sich meistens ein mehr oder weniger breiter blauer Wasserstreifen, der die Rolle der unteren Raumbegrenzung spielt – genau wie der schmale grüne Streifen in Eugenies Bild unter dem Haus. Im Wasser kommen Fische vor, üblicherweise sind diese rot; aber in dem schmalen Raum unter dem Schiff sind sie eingeengt und in beschränkter Anzahl.

So wie in der Natur alles Lebendige am Gesamtgeschehen beteiligt ist und seinen Beitrag dazu liefert, so ist es auch im Organismus der Formulation. Den Fischen gleichermaßen wie der Vogelschar ist die Rolle des Wimmelns aufgetragen; und wenn dafür der Raum zu knapp ist, muss er, um diese Funktion zu ermöglichen, erweitert werden.

Im Wasser-Raum verknüpfen sich – nicht in jedem Fall, aber doch des Öfteren – zwei Phänomene der Formulation: das notwendige Blau und das urtümliche Wimmeln.

Wasser-Raum und Ausdehnung mit Wimmeln

Das Bündnis zwischen der rot-gelben und der blauen Äußerung ist daran erkenntlich, dass das eine das andere hervorruft, in dieser oder jener Reihenfolge und ohne dass sich das Kind dieser ganz selbstverständlich sich ergebenden Verbundenheit bewusst wird. (In diesem Zusammenhang sei daran erinnert, dass zwischen der Strahlenfigur und der Grätenfigur, die sich auch gegenseitig hervorrufen, eine ähnliche Gemeinschaft besteht.)

Der Übergang vom Wasserstreifen zum Wasser-Raum ist oft nur der Ansporn zu einer noch weitergehenden Ausdehnung, und es geschieht ein unaufhaltsames Wachstum. Mit dem Raum nimmt auch das Wimmeln zu – ein berauschendes Wimmeln in allen Farben, aus Fischen, Wellen, manchmal noch mit unzähligen Pünktchen dazwischen, die der Vernunft entsagen und an deren Fülle sich die Begeisterung des Kindes ermessen lässt.

Das Segelboot ist ein typisches Bild-Ding der Formulation. Oft steht es ganz unten im Raum, der Rumpf an der Kante des Blattes. Wenn es etwas höher schwebt, bleibt ein Spalt, der breit genug ist für einen blauen Wasserstreifen. Anderenfalls – weil ein Schiff doch schwimmen muss – wird etwas Blau über den Schiffsrumpf gemalt oder als zwei kürzere Stücke auf beiden Seiten angehängt.

Wenn das Boot höher im Raum steht, kann der blaue Streifen dementsprechend breiter sein. Und auch die dort hineingehörenden Fische können dann zahlreicher werden – können sich sogar zu einer Wimmelmenge vermehren; und Wellen oder Pünktchen verdichten noch das Wimmeln.

Im Malort würde dem Kind dafür ein großes Blatt zur Verfügung stehen, es hätte dem Spiel angepasste Pinsel und perfekt deckende Farben. Anderswo sind die Bedingungen weniger geeignet und das Spiel fällt dem Kind nicht so leicht. Aber selbst ein kleiner Bogen Papier kann ein Schiff aufnehmen und den beschriebenen Vorgang ermöglichen.

Im Malort – dank der besonderen Bedingungen des Malspiels, insbesondere wegen der Regelmäßigkeit des Geschehens und seiner

Segelboot auf einem schmalen Wasserstreifen

Dauer – würde das Kind, wenn auch nicht anschließend, bestimmt aber bald hernach, abermals ein Schiff malen wollen. Und was im ersten Auftritt noch beschränkt gewesen ist, würde an Gewicht zunehmen und schließlich mehr als eine Raumbegrenzung schon ein Wasser-Raum sein.

Wasser-Räume haben die Eigenschaft, sich auszudehnen. Ein zweites Blatt würde dem ursprünglichen angehängt werden. Und viele weitere könnten noch hinzukommen.

Das ist das übliche Geschehen im Malort. Und doch lohnt sich ein weniger folgenschweres Angebot. Zu Hause, im Kindergarten und umso mehr in der Schule, wenn ein unbeschwertes Malen den Zeichen- oder Kunstunterricht endgültig ablösen würde. Wenn auf einem kleinen Bogen nur ein blauer Wasserstreifen unter dem Schiff entsteht, ist darin der Wasserraum zumindest angedeutet und dementsprechend offenbart sich etwas von dem dazu veranlassenden Äußerungsbedürfnis. Dann ist es zwar etwas wie im Flüsterton Geäußertes, aber dennoch ein sinnvolles Geschehnis.

Oben: Afghanistan. Unten: Guatemala

5
DIE FORMULATION, EIN UNIVERSALGEFÜGE

Als ich vor vielen Jahren der Formulation begegnete, fiel mir als Erstes auf, dass alle Kinder die gleichen Dinge darstellen, und außerdem, dass alle sie auf eine ähnliche Weise bilden. Ich stellte ein Inventar auf von diesen Dingen, für die ich eine angemessene Benennung finden musste. Ich habe sie – wie auch für alle anderen Besonderheiten meines Bereiches – immer erst später gefunden. (Manchmal verwendete ich vorübergehend Namen, die ich erst Jahre hernach durch endgültige ersetzen konnte.)

Dass alle Kinder die gleichen Bild-Dinge – so nannte ich sie schließlich – entstehen lassen, heißt, dass das alle die vielen Kinder tun, die in den Malort gehen. Obwohl sie aus verschiedenen Ländern stammen, gehören sie jedoch alle der sogenannten Industriegesellschaft an. Ich überlegte, ob wohl darin das Gemeinsame liege.

Aber es gibt ja auch Menschen, deren Lebensbedingungen sich von den unsrigen vollkommen unterscheiden: Nomaden, Menschen im Dschungel, im Hochgebirge, auf abgelegenen Inseln usw. Würden diese die gleichen Dinge darstellen, aber auf eine andere, ihrer Kultur entsprechenden Art? Oder ganz andere Dinge, die mit ihren Lebensweisen zusammenhängen?

Diese Fragen beschäftigten mich. Aber niemand konnte sie mir beantworten. So beschloss ich, ihnen selbst nachzugehen, und unternahm ab 1967 eine Reihe von Reisen in ferne Gegenden.

Voraussetzung war, dass die Bevölkerung von einer Beschulung verschont geblieben war und, soweit wie möglich, künstlerisch unerfahren. Ich fuhr als Erstes zu Nomaden, dann in den Urwald, ins Hochgebirge und in den Busch, auf verschiedenen Erdteilen.

Auf manche Reisen musste ich verzichten, weil mir dort die Schule zuvorgekommen war, was meine Forschungsarbeit verunmöglichte. Auf den Inseln im Titicacasee, zwischen Peru und Bolivien, waren damals schon schwimmende Schulen eingerichtet worden, und auch die Eskimos hatten die Schulen schon erreicht. Und weil die zuvor erlangten Auskünfte über die Bedingungen vor Ort sich meistens als untauglich erwiesen, kam ich auch in den Gegenden, die ich aufsuchte, erst über Umwege und Irrfahrten zu den gewünschten Zielen.

Ich brachte immer alles für meinen Aufenthalt mit: einen leichten, zusammenlegbaren Palettentisch, Pinsel, Farbe, Kugelschreiber, Papier etc. In der Woche meines Aufenthaltes an jedem Ort, im Urwald, in der Wüste usw. entstanden während der vielen Malspiel-Stunden vorwiegend Erstfiguren – wie bei kleinen Kindern, die mit den anfänglichen Gebilden der Formulation spielen. Denn diesen wenn auch schon reiferen Kindern und Jugendlichen war zuvor eine derartige Äußerungsmöglichkeit fremd geblieben, und sie holten zuerst das gewissermaßen Versäumte nach.

Nur vereinzelte Bild-Dinge entwuchsen ihnen: vorwiegend Menschen und Tiere, seltener Gewächse und beiläufig nur gewisse Gegenstände: Utensilien, derer sie sich im Alltag bedienten.

Doch die anderen typischen Bild-Dinge, die der Formulation angehören und die sich naturgemäß aus den hier entstandenen Erstfiguren herausbilden, wären hernach auch bei den Kindern im Urwald und in der Wüste entstanden.

Dies ist mehr als eine Vermutung, wenn man die Verwandtschaft zwischen den verschiedenen Bestandteilen der Formulation kennt, zum Beispiel zwischen Mensch und Haus, die von der Erstfigur als gemeinsamem Ursprung herrührt: der runden Figur und der Tropfenfigur. Oder andererseits vom Kreuz, das u.a. in der Bildung des Menschen weiterbesteht, so wie das auch bei manchen der größeren Kinder dort geschah.

Das im Zelt lebende Nomadenkind stellte nicht das typische Haus dar, dafür aber einen Menschen, der auf ähnliche Weise gebildet ist (S. 156). Wie wir bei Eugenie gesehen haben, stellt allerdings auch das Kind in unserer Gesellschaft nicht das Haus dar, in dem es wohnt. Aber Mensch und Haus sind vom gleichen Trazat bestimmt, ebenso wie der Mensch des im Busch lebenden Kindes.

Man bedenke, dass vor 150 Jahren ein Kind in unserer Gesellschaft auch kein Flugzeug darstellte, weil es doch ein solches nirgends gesehen hat. Später wurde es ein übliches Bild-Ding, dessen hauptsächliche Rolle darin besteht, das Trazat des Kreuzes einzukleiden – eine Rolle, die das Flugzeug mit anderen Bild-Dingen teilt, mit dem Menschen, mit dem Vogel.

Ein Nomade, der von Schiffen nichts weiß, wird wohl auch kein Segelboot darstellen. Das Segelboot der Formulation besteht aus einem waagerechten Rumpf, auf dessen Mitte ein senkrechter Mast steht. Zwei Striche begrenzen die dreieckigen Segel und verbinden die Mastspitze mit den beiden Enden des Rumpfes. Scha-Fachir, ein Nomadenjunge aus Afghanistan, stellt dafür die Reiter dar, die seiner Umgebung angehören. Das Tier ist wie das Schiff: Der Körper des Menschen entspricht dem Schiffsmast, seine Arme sind wie die beiden Segel zwei Striche, die den Körper mit dem Tier verbinden.

***

Oben: Vergleich Haus – Mensch
Darunter: Der typische Mensch, gemalt von einem Pariser Kind (links), einem Jungen aus Niger (Mitte) und einem Mädchen aus Mauretanien (rechts)

Vergleich Segelboot – Reiter

Segelboot von einem Kind im Malort (Mitte), Reiter von einem Nomaden in Afghanistan (unten)

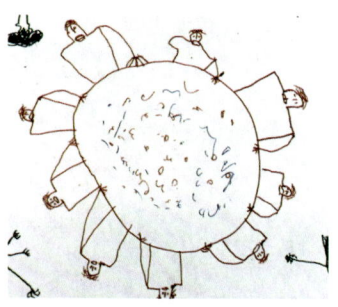

Strahlenfigur in sechs verschiedenen Einkleidungen
(unten rechts: Nomadenfrau aus Mauretanien)

Die Strahlenfigur ist beim größeren Kind ein Trazat in einem Bild-Ding: die Sonne, die Blume, die Hände und Füße eines Menschen. Und auch andere Inszenierungen (links) sind von diesem Trazat bestimmt: der Zaun um einen runden Garten, Bäume in Ausbreitung um einen runden Teich, ein Zirkus, Kinder um ein Wasserbecken, Grashalme um einen runden Teich und unten rechts von einer Nomadenfrau aus der mauretanischen Wüste: Couscous essende Männer um eine große runde Schüssel sitzend.

Der Vergleich zeigt, dass dasselbe Gebilde in verschiedenen Bildern enthalten sein kann. Die aus der Absicht, etwas Vertrautes darzustellen, entstandene Inszenierung ist vom Lebensrahmen bestimmt; das darin enthaltene Trazat hingegen ist von dieser Äußerlichkeit unabhängig und ist allen Menschen gemein.

Gleich nachdem ich bei den ersten Nomaden angekommen war, wurde mir deutlich, wie nebensächlich die Fragen waren, deretwegen ich die Reise unternommen hatte. Was ich erfuhr – bei den Nomaden und überall während meiner Aufenthalte –, war viel gewaltiger und origineller als das Gesuchte. Denn es war grundlegend: Es bestätigte den Ursprung der Formulation. Das Gemeinsame aller Menschen ist ihre vom genetischen Programm bestimmte Entstehungsgeschichte, deren Widerhall in der Organischen Erinnerung aufgespeichert ist. Was sie unterschiedlich werden lässt, ist das kulturell Bedingte, ihre dem Klima angepasste Lebensweise, die Art zu wohnen, sich zu ernähren, sich zu kleiden.

Dass trotz aller Verschiedenheiten die Formulation allen Menschen gemein ist, dass jenseits aller Unterschiede ein Universal-Code besteht, ist eine wesentliche Erkenntnis, die jeden erfreuen sollte.

Oben: Anden (Peru)
Unten: Guatemala

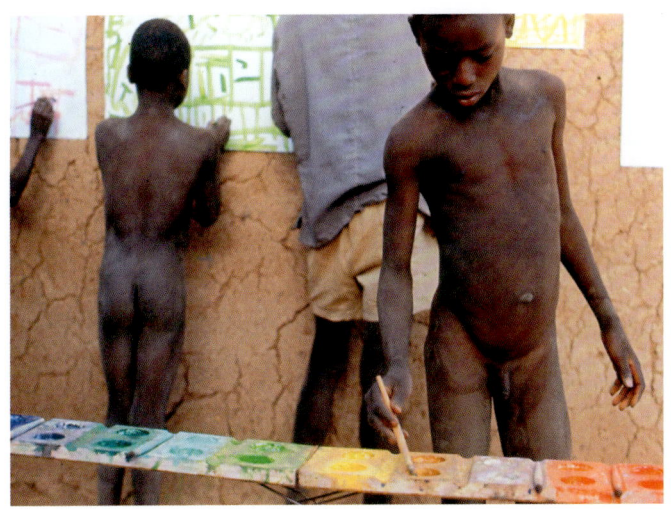

Oben: Niger
Unten: Neuguinea

Gerne hätte ich meine Aufenthalte bei den Nomaden- und Urwaldkindern verlängert, doch konnte ich außer in den Ferienzeiten dem Malort nicht fernbleiben.

Aber es geschah dennoch Wesentliches in diesen wenigen Tagen, und es geschah rückhaltlos. Die Formulation war ein Aussprudeln aus allen diesen Kindern, als wäre sie lange in ihnen zurückgehalten worden, und weil jetzt die Werkzeuge für ihre Äußerung da waren, geschah sie in voller Wucht.

Sie genossen es, die Erstfiguren freizulassen, die in ihnen brodelten. Nur die Größeren und Erwachsenen verbildlichten ihre Beschäftigungen, indem sie Menschen und Tiere und gelegentlich andere Dinge darstellten.

Wie es weitergegangen wäre, ist vorstellbar, wenn man den üblichen Verlauf der Formulation kennt; und es ist wohl schade, dass es nicht möglich war. Aber dieses Bedauern tritt zurück hinter der Wichtigkeit und Einmaligkeit dieses Geschehens. Einmalig ist es, weil die Begegnung mit dem Kind und seiner Spur ein besonderes Verhalten voraussetzt.

Denn selbst wenn gelegentlich ein Ethnologe oder irgendein Reisender Kinder in einem fremden Erdteil zeichnen ließ oder dort Kinderzeichnungen einsammelte, stammten sie von verschulten Kindern und ähnelten den Ausführungen der weltweit üblichen Aufgaben.

Ich war jedes Mal bestürzt, wenn man sie mir zeigte, und erklärte der enttäuschten Person, dass gerade das, was sie daran typisch afrikanisch oder typisch tibetanisch fand, nur typisch schulmäßig ist.

Auch in Veröffentlichungen – sei es in Büchern oder der Fachpresse – sind exotische Kinderzeichnungen veröffentlicht worden. Schon wenn neben einem zwar natürlich aussehenden Menschen steht: »Eine Zauberin, die eine Schlange bezwingt«, geht daraus hervor, dass es keine spontane Äußerung sein kann. Es stehen ja fast immer solche abgezwungenen Kommentare neben dem Gezeichneten, die zeigen, dass das Dargestellte besprochen wurde, wenn es nicht überhaupt nach einer Vorlage ausgeführt wurde.

So gab ein Ethnologe, der im Mato Grosso einer Bevölkerung begegnete, der das Zeichnen fremd ist, diesen unverdorbenen Menschen Stifte und Papier und mitgebrachte Bilder als Vorlagen, um zu ermessen, wie weit ihre Fähigkeit reichte, diese abzubilden.

***

Dass die Formulation aus einem inneren Bedürfnis entsteht und einen zeitlich entfernten Ursprung hat ist mir sehr früh erschienen. Diese Erkenntnis widersprach der Behauptung, Ausdruck sei Folge von Eindruck, womit gemeint ist, das vom Kind Dargestellte müsse die Wiedergabe dessen sein, was es in seiner Umwelt betrachtet hat. Diesen Widerspruch trugen die Psychoanalytiker mit, aber dieses Einvernehmen beruhte auf einem Missverständnis. Ich dachte nicht an seelische Missstände, an ein etwaiges unerfüllbares oder verdrängtes Verlangen und was sonst noch im Unbewussten abgelagert sein kann. Mich beschäftigte nicht, was das Kind äußert, sondern wie die Äußerung geschieht, das heißt welche ihre Gesetzmäßigkeit ist.

Während ich nach dem Ursprung der Formulation suchte, entfloh dieser immer weiter aus dem gegenwärtigen Erleben in die Vergangenheit, und so gelangte ich schließlich zu der Organischen Erinnerung. Als ich vor 40 Jahren von dieser eigentümlichen Aufspeicherung sprach und ein davon handelndes Buch veröffentlichte, rief es mehr Staunen als Verständnis hervor.

Zu meiner Überzeugung haben die Erfahrungen aus dem Urwald und in der Wüste entscheidend beigetragen. Ein sicherer Beweis für das von mir Gefundene ist die Universalität der Formulation, die in den Tausenden von Blättern ersichtlich ist, die ich von meinen Reisen mitgebracht habe.

Oben: Niger
Mitte: Niger (Pulo)
Unten: Neuguinea

 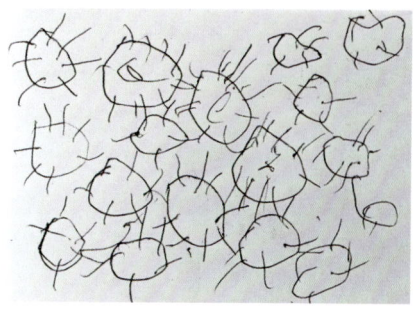

Oben: Afghanistan (Nuri)
Mitte: Afghanistan
Unten: Afghanistan (Wüste)

Oben: Äthiopien
Mitte: Guatemala
Unten: Peru

Oben: Mauretanien
Mitte: Mexiko
Unten: Paris

Den Kindern ist die Spontaneität verdorben worden. Kunsttheoretische Begriffe belasten ihren Geist und verstopfen die Kanäle der Formulation. Was bleibt von der natürlichen Spielfähigkeit heutiger Kinder noch übrig? Es ist schon sehr spät, aber vielleicht noch nicht zu spät, um wieder herzustellen, was in ihnen verdorben worden ist.

Ich denke an das Malspiel meiner Anfänge, und wie es auch in den Jahrzehnten danach noch selbstverständlich beglückend war. Welche Begeisterung! Jedem Kind war das gebotene Blatt der Spielraum für ein grenzenloses Erleben. Das kleine wie das große Kind ergab sich hemmungslos dem Geschehen, erlebte es mit seinem ganzen Wesen, und wenn es den Malort am Ende des Spiels verließ, freute es sich schon auf die folgende Malstunde, in der dieses unbeschwerte Abenteuer erneut geschehen konnte. Die Formulation war ein unaufhörliches Sprießen und Gedeihen, beglückend die Erfüllung eines ungeahnten Verlangens.

Heute stehen sogar kleine Kinder lustlos vor dem Blatt, wissen nicht, was sie damit Sinnvolles anfangen sollen. Welch bestürzender Anblick. Gewohnt, einen Auftrag auszuführen, berechnen sie, ob die Betätigung wohl der Belohnung wert sei. Anstatt ihre Erfahrungen, all die vielen Begegnungen und das ständige Erproben der Dinge, das der Kindheit eigen ist, in ein Spiel umzusetzen und im Raume des Blattes in einer greifbaren Verbildlichung zu erleben, besinnen sie sich der beigebrachten theoretischen Begriffe aus den Kunsterziehungsstunden, reihen ein paar geometrische Formen aneinander und glauben, dieses unwürdige Kunststück sei ein Kunstwerk.

Und wenn sie damit fertig sind, stehen sie da, gelangweilt, hilflos, nicht wissend, welche Reichtümer in ihrem Inneren verschüttet sind, nicht ahnend, dass diese eines Tages wieder aufleben können.

Wochen, Monate des Darbens werden vergehen ... und dann ist der Widerstand gegen den natürlichen Spieldrang gebrochen und wie die Rückkehr aus der Verirrung in die vertraute Heimat geschieht die Formulation, das dem Kind angepasste Spiel. Die im Raume des Blattes erkennbare Veränderung verweist auf die Verwandlung im Gemüt des

Im Malort

Kindes. Der dahin führende Weg gehört aber nicht der Therapie an. Eine solche hätte ihr Ziel erreicht und wäre abgeschlossen. Im Malspiel ist die Rückkehr zur Urtümlichkeit des Wesens der Anfang neuen Erlebens. Weil sich das Kind seiner Einmaligkeit bewusst wird, die es inmitten der anderen im Malspiel Gegenwärtigen erlebt, verschwinden Vergleichen und Ermessen aus seiner Lebenseinstellung. Diese Erfahrung verändert sein Verhalten auch außerhalb des Malortes.

Wer von der Formulation erfahren hat, kann nicht untätig bleiben. Mit ihrer Wiederbelebung werden viele scheinbar unlösbare Probleme in den Beziehungen zwischen Erwachsenen und Kindern – zwischen Eltern, Erziehern und Kindern – verschwinden. Eine neue Einstellung wird entstehen. Die Kinder mit der Erwachsenenmaske vor dem Gesicht werden wieder kindhaft glücklich sein.

Es lohnt sich, dieses Ziel zu erreichen – und die Mittel dazu sind im Grunde einfach und liegen so nahe. Deshalb, Eltern, Lehrer, Lehrerinnen, Erzieher und Erzieherinnen ... war es mein Anliegen, Euch die Formulation nahezubringen.

Sie werden fortan der Spur des Kindes auf eine neue Weise begegnen – und auch dem Kind, das dank Ihrer Erkenntnis seine Spur erfahren kann. Sie werden seine Begeisterung miterleben und werden sich in Ihrer fördernden Rolle wohlfühlen – wie der Dienende im Malspiel, der nicht als ein gieriger Verbraucher die Äußerung des Kindes zweckentfremdet.

Diese Spur ist nicht wie das Werk eines Kunstschaffenden ein käufliches Erzeugnis, dem die Vermittlung einer Botschaft aufgetragen ist.

Die Spur eines Menschen ist die Spur aller Menschen. Ein jeder bedarf nur der beschriebenen, zuvor unerprobten Bedingungen, um das Natürliche und doch Unerprobte geschehen zu lassen, das beglückend ist.

Das können Sie ermöglichen und sich in der dienenden Rolle wohlfühlen, die mich seit über 60 Jahren unablässig erfüllt. Diese Erfüllung wünsche ich auch Ihnen von ganzem Herzen.

DER AUTOR

Arno Stern, geboren 1924 in Kassel, emigrierte 1933 mit seinen Eltern nach Frankreich. Nach seiner Begegnung mit Kindern in einem Heim für Kriegswaisen gründete er in den 1950ern den ersten Malort, der noch heute in Paris besteht. Mehrere Reisen in die Wüste, den Urwald und den Busch bestätigten die universale Gültigkeit seiner Forschung. Arno Stern wurde als UNESCO-Experte zum 1. internationalen Kongress für Kunsterziehung delegiert, hält regelmäßig Vorträge und Seminare und betreibt in Paris neben dem Malort das »Institut für die Erforschung der Ausdruckssemiologie«. Einen Einblick in seine Welt gibt Erwin Wagenhofers Dokumentarfilm »Alphabet«.

Arno & André Stern
Mein Vater – mein Freund
Das Geheimnis glücklicher Söhne
ISBN 978-3-89883-291-5
160 Seiten, € [D] 16,95, € [A] 17,50, sFr 24,50

André Stern
»… und ich war nie in der Schule«
Geschichte eines glücklichen Kindes
ISBN 978-3-89883-228-1
184 Seiten, € [D] 16,95, € [A] 17,50, sFr 24,50

Michael Bordt SJ (Hg.)
Was uns wichtig ist. Oder warum die Wahrheit zählt
Gespräche mit Jesuiten über Gerechtigkeit,
Verantwortung und Spiritualität
ISBN 978-3-89883-229-8
168 Seiten, € [D] 16,95, € [A] 17,50, sFr 24,50

Michael Bordt SJ
Was in Krisen zählt
Wie Leben gelingen kann
ISBN 978-3-89883-243-4
88 Seiten, € [D] 7,95, € [A] 8,20, sFr 11,90